Tove Engvall

Comércio, confiança e poder de informação - Em transição para a sustentabilidade

Tove Engvall

Comércio, confiança e poder de informação - Em transição para a sustentabilidade

ScienciaScripts

Imprint
Any brand names and product names mentioned in this book are subject to trademark, brand or patent protection and are trademarks or registered trademarks of their respective holders. The use of brand names, product names, common names, trade names, product descriptions etc. even without a particular marking in this work is in no way to be construed to mean that such names may be regarded as unrestricted in respect of trademark and brand protection legislation and could thus be used by anyone.

Cover image: www.ingimage.com

This book is a translation from the original published under ISBN 978-620-2-19682-6.

Publisher:
Sciencia Scripts
is a trademark of
Dodo Books Indian Ocean Ltd. and OmniScriptum S.R.L publishing group

120 High Road, East Finchley, London, N2 9ED, United Kingdom
Str. Armeneasca 28/1, office 1, Chisinau MD-2012, Republic of Moldova, Europe
Printed at: see last page
ISBN: 978-620-8-03074-2

ÍNDICE

Gratidão

Durante o processo de redação deste livro, muitas pessoas contribuíram com diferentes aspectos, sem os quais este livro não existiria. Obrigado a todos os que fazem parte do comércio em linha e que se dispuseram a partilhar os seus conhecimentos, pensamentos e experiências. Obrigado por todas as experiências, tanto boas como más, que contribuíram para o conhecimento. Um agradecimento especial àqueles com quem tenho tido conversas e colaborações mais frequentes. Obrigado a outros participantes, como a polícia, a política e as autoridades públicas com quem estive em contacto. Obrigado aos investigadores que desenvolveram conhecimentos prévios que utilizei ao longo do livro. Obrigado aos colegas que estão sempre dispostos a partilhar os seus conhecimentos e experiências e que proporcionam um ambiente aberto ao crescimento. Obrigado aos investigadores da rede InterPARES Trust que estão muito dispostos a partilhar conhecimentos e investigação e a criar este ambiente de investigação global aberto. Obrigado a todos os que colaboraram na revisão do texto. Obrigado às pessoas da minha cidade natal que contribuem para um ambiente de vida muito amigável. Obrigado aos meus pais, que são duas pessoas em quem confio verdadeiramente. O meu maior agradecimento aos meus filhos, por todo o vosso encorajamento ao longo deste projeto. Que os vossos dias sejam cheios de aventuras e momentos de alegria. E, por último, mas não menos importante, obrigado à Terra por me proporcionar este sítio fantástico para viver.

PARTE 1 - UM MUNDO DE POSSIBILIDADES E RISCOS

"Nada é impossível, a própria palavra diz 'eu sou possível'!" (Audrey Hepburn)

1. Possibilidades e desafios numa era pós-moderna

Vivemos numa época de grandes transformações, tanto ao nível da forma como fazemos e organizamos as coisas nas sociedades, como ao nível das mentalidades, das atitudes e da consciência. Temos acesso a grandes oportunidades - mas há também desafios e riscos cada vez mais intensos. A sociedade moderna contribuiu com muitas coisas boas, mas também com enormes problemas, como a destruição do ambiente, a pobreza e a tensão social. Estamos de facto perante a ameaça de destruição do planeta; as coisas têm de mudar, temos de encontrar novas formas de convivência e reinventar os valores e os princípios em que assentam as sociedades e as relações.

A digitalização e o desenvolvimento da Internet, onde se realizam cada vez mais actividades, constituem uma oportunidade para uma infraestrutura diferente com alcance global. É importante que esta promova a sustentabilidade, a inclusão, a fiabilidade e a responsabilidade, bem como a consciencialização e a gestão dos novos riscos. Esta é uma preocupação para as profissões que trabalham com informação e tecnologia, mas também levanta questões de carácter político e de sensibilização do público. No fundo, questões para todos nós sobre o tipo de vida e de sociedade que queremos neste planeta e sobre o que é considerado valioso a nível individual, empresarial/organizacional e societal. Desafia os processos, mecanismos e percepções tradicionais da forma como interagimos e como a confiança é formada. Permite também novas possibilidades e desafios no que respeita aos objectivos de uma vida sustentável. A mudança está atualmente a ocorrer em múltiplas áreas e a tecnologia é fundamental para a formação de novos valores, padrões e práticas nas sociedades. O desenvolvimento técnico é muito rápido; talvez seja bom fazer uma pausa para analisar o que está a acontecer, o que é realmente criado e o que podemos fazer para nos desenvolvermos numa direção que esteja de acordo com os objectivos e intenções. Pode ser uma boa ideia preencher as lacunas e refletir sobre a direção a tomar - bem como a direção a não tomar.

Há uma combinação de padrões antigos e novos, que podem mudar e reforçar as antigas relações de poder, mas também criar novas relações - ao mesmo tempo que está a decorrer um processo de capacitação. Há combinações de encontros individuais, quadros estruturais para a distribuição do poder e mudanças contínuas tanto nas pessoas como nas estruturas. Embora seja importante lembrar que tudo é sempre criado por alguém, intencionalmente ou não; a tecnologia não "simplesmente acontece", alguém está por detrás dela. As estruturas sociais não estão apenas lá, são criadas pelas pessoas envolvidas. Para quebrar as normas e as formas dominantes de pensar e fazer as coisas é necessário um esforço, não será possível continuar no mesmo caminho. Mudar uma sociedade de padrões bem conhecidos para algo novo requer actos das pessoas, requer uma vontade de pensar e fazer coisas novas, quebrar velhos padrões e preconceitos e, em vez disso, adotar uma atitude de curiosidade, colaboração e vontade de ouvir e aprender.

A forma como os diferentes aspectos do mundo são percebidos e como as sociedades e as relações humanas estão organizadas afecta as possibilidades de as pessoas criarem as suas vidas, mas também o ambiente e outras espécies. A dimensão das alterações climáticas e da degradação da biodiversidade, as crises financeiras globais e os efeitos sociais da exclusão dilaceram o mundo. Ao mesmo tempo, estão a acontecer coisas que estão a fazer com que diferentes áreas evoluam de forma positiva para uma maior sustentabilidade, inclusão e desenvolvimento. Há também possibilidades geradas pelos elevados níveis de conhecimento, pelos avanços tecnológicos e pela evolução de comunidades globais cada vez mais ligadas em rede, que ultrapassam as fronteiras nacionais e os anteriores obstáculos ao crescimento das pessoas e dos países. É uma época de contradições e extremos e, ao mesmo tempo que trazemos novas possibilidades, geramos novos riscos, vulnerabilidades e desafios de que temos de estar conscientes. Isto exige novas formas de pensar e de trabalhar, valores e mentalidades diferentes, bem como um compromisso para criar uma mudança. Uma coisa é certa, se quisermos ter um futuro neste planeta, temos de colaborar, temos de perceber que estamos todos no mesmo barco.

Neste contexto, os Objectivos de Desenvolvimento Sustentável (ODS), aceites pela Assembleia Geral das Nações Unidas, podem servir de base comum para orientar as acções que irão moldar o futuro. Os ODS incluem 17 objectivos que visam um desenvolvimento sustentável a nível mundial. Os objectivos incluem acabar com a pobreza e a fome no mundo, garantir a saúde e a educação, bem como o acesso e a gestão sustentáveis da água, do saneamento e da energia, assegurar um crescimento económico sustentável, tomar as medidas necessárias para combater as alterações climáticas e proteger os ecossistemas, promover sociedades pacíficas e a justiça e revitalizar as parcerias globais para o desenvolvimento sustentável.[1] Os objectivos são ambiciosos e a sua concretização exigirá ação, colaboração, investimentos e novas mentalidades. Temos de analisar os efeitos das diferentes escolhas e decisões, se cumprem as intenções dos objectivos e estratégias e como podemos melhorar. Temos também de olhar para além dos sucessos, para os riscos, os inconvenientes, os aspectos obscuros e as soluções de compromisso, para evitar sermos surpreendidos quando houver uma crise de qualquer tipo, quer seja a nível individual, empresarial, social ou planetário. Temos também de considerar os actuais padrões de relações de poder: de dominação e exclusão; e quais os valores e comportamentos que dominam os discursos, as práticas e os modelos empresariais e como podemos reformulá-los para apoiar a sustentabilidade. Todos os intervenientes são indivíduos, mas também actuam no âmbito de diferentes enquadramentos que estabelecem

---

[1] https://sustainabledevelopment.un.org/topics/sustainabledevelopmentgoals

restrições e apoiam determinados comportamentos, padrões, valores e considerações, em que o desenvolvimento tecnológico, a digitalização e a utilização da informação estão a tornar-se cada vez mais importantes em todos os tipos de actividades nas sociedades. Temos de analisar todas estas partes e a forma como se afectam e interagem entre si - os indivíduos e as suas motivações e aspirações, os aspectos sociais e culturais, as estruturas sistémicas, o contexto tecnológico e informacional, os modelos e processos empresariais, os sistemas económicos e a forma como se relacionam com o ambiente e os recursos naturais. A informação é uma extensão de nós e, como tal, reflecte, mas também molda, as relações humanas.

As pessoas são afectadas pelo ambiente que as rodeia, que apoia determinados padrões. As estruturas e os sistemas sociais podem promover valores e comportamentos de justiça e equidade, ou instituir e legitimar a opressão numa escala estrutural. Embora a maioria das pessoas faça o seu melhor em relação às condições disponíveis, há também quem tire partido das pessoas, dos sistemas e dos recursos, sem se importar se isso conduz à exploração, ao domínio e à opressão. A informação e os sistemas de informação têm um papel central na formação e manutenção das estruturas sociais e das interações entre as pessoas. Por isso, este tipo de questões deve ser considerado por aqueles de nós que trabalham no domínio da ciência da informação, para aumentar a consciencialização e criar conhecimento que nos possa aproximar das intenções daquilo que acordamos trabalhar para o futuro, o que é fundamental num regime democrático.

As discussões sobre o desenvolvimento económico podem ser muito limitadas e a falta de consideração ou de cuidado com os efeitos no ambiente e nas condições sociais cria uma situação muito desequilibrada no mundo. Estes efeitos foram tornados invisíveis e dissociados das actividades que os criam. As tensões entre o desenvolvimento económico e as preocupações ambientais têm sido uma fonte de conflito, mas começaram a mudar de diferentes formas, com modelos económicos que também incluem considerações sobre as preocupações ambientais e sociais, reconhecendo que as actividades económicas devem ser enquadradas no âmbito do que é sustentável para o planeta, bem como para as pessoas. A atividade económica é um instrumento que pode apoiar a criação de realidades e modos de vida, a nível individual, organizacional e social, mas também pode ser utilizada para explorar e dominar os outros. O que é sustentável do ponto de vista ambiental e social será também mais sustentável do ponto de vista financeiro a longo prazo. É mais uma questão de tempo e dos factores que são tidos em conta nos ciclos económicos. Este não é o tema central deste livro, mas é algo a ter em conta nos debates sobre economia.

No debate atual sobre o crescimento económico, a digitalização e o mercado da informação são frequentemente identificados como os principais motores. A estratégia da UE para um crescimento sustentável, inteligente e inclusivo, Visão 2020, reconhece a digitalização como uma das principais áreas para este objetivo (Comissão Europeia 2010a; Comissão Europeia 2010b). Mas o que significam de facto crescimento sustentável, inclusivo e inteligente? E qual é a relação com os padrões contemporâneos? A Internet está agora tão presente em diferentes áreas da vida e da sociedade que está a evoluir para uma infraestrutura a nível global. Tendo em conta este desenvolvimento, é importante estudar o que acontece na vida real e quais os novos desafios e inconvenientes encontrados ao longo do caminho, para que possamos colmatar as lacunas e reforçar os bons padrões. Como estamos situados no domínio dos arquivos e da ciência da informação, estas questões tornam-se muito centrais, uma vez que abordam e influenciam a nossa principal preocupação: a informação.

Individualização e reflexividade

Ao longo da história, podemos reconhecer diferentes formas de viver, incluindo diferentes valores e relações com o poder. Do ponto de vista dos países ocidentais, passámos das sociedades *tradicionais*, em que as pessoas estavam em grande medida "destinadas" a diferentes tarefas com base em diferentes papéis e tradições, para a *modernidade* como reação a esta situação, que enfatizava as possibilidades dos indivíduos e o Estado-nação de bem-estar social que assumia alguns dos papéis da família. Atualmente, parece estarmos perante uma nova mudança, que inclui uma maior individualização e em que temos de formular novos papéis e relações e a forma como estes devem ser organizados em toda a sociedade. A individualização pode ser explicada como um processo em que os indivíduos têm de criar as suas próprias histórias de vida e identidades, não predestinadas pela cultura, país, família, tradição ou outras normas externas. Implica o aumento do poder dos actores sociais e da agência relacionada com as estruturas. Poder-se-ia dizer que o poder é parcialmente transferido das instituições para as pessoas, mas as caraterísticas das estruturas também mudam e podem surgir novas hierarquias (Beck, Giddens & Lash, 1994). Com a digitalização e o desenvolvimento da Internet como infraestrutura central, o ambiente de informação sócio-tecnológica molda as estruturas em que as pessoas actuam e interagem, razão pela qual a informação digital também tem um papel central na formação da nossa coexistência. No centro do processo de individualização está a reflexividade, que pode ser explicada como um processo em que uma pessoa tem de enfrentar e agir sobre os efeitos das acções e dos riscos decorrentes da individualização.

O desenvolvimento da sociedade industrial trouxe bem-estar, mas também riscos, que estão a tornar-se cada vez mais prevalecentes. O desenvolvimento tecnológico não só aumenta as possibilidades de geração de riqueza, mas também os riscos. O que Beck et al (Beck, Giddens & Lash, 1994) designam por *sociedade de risco* é uma fase em que os efeitos da modernidade, sob a forma de ameaças e riscos, começam a dominar, uma fase em que eu diria que nos encontramos atualmente. Existem riscos a todos os níveis, desde o individual ao global. Podem ser vistos como efeitos não intencionais com os quais é preciso lidar (Beck, Giddens & Lash, 1994). Ao mesmo tempo, o risco também faz parte das possibilidades e oportunidades que os diferentes actores procuram (Giddens,

2002). Se a modernização ultrapassou as hierarquias feudais tradicionais, a nova fase da modernização, que poderia ser designada por *modernização reflexiva*, ultrapassa o que está ligado à sociedade industrial, como a estratificação de classes e os papéis tradicionais de género e família (Beck, 1992; Beck, Giddens & Lash, 1994). A reflexividade ocorre em parte devido aos riscos e problemas que enfrentamos, que são os efeitos das acções. A auto-confrontação e a mudança são necessárias tanto a nível individual como social. Parte deste desenvolvimento dos riscos globais e da individualização também deve ser uma maior democratização a nível global.

Dinheiro e individualização

Para muitas pessoas, o dinheiro desempenha um papel significativo como recurso no processo de individualização e é também um meio de encenar o seu ser-no-mundo. Os indivíduos também têm uma maior responsabilidade na definição do seu futuro financeiro. Há muitas expressões de como as pessoas estão a procurar maior liberdade, independência e auto-determinação em relação ao trabalho e às finanças.

Este facto foi também muito predominante no estudo de caso utilizado neste livro. Trata-se de uma luta contra as rotinas predestinadas e vulgares e contra a mecanização do trabalho que a sociedade industrial produziu. É uma procura de maior liberdade, felicidade e auto-expressão, na qual os processos de independência financeira desempenham um papel importante. Se a individualização significa uma libertação dos indivíduos das estruturas, também pode ser vista como uma reformulação das estruturas. Os sistemas e as estruturas têm de ser redefinidos e reinventados. O individualismo não significa egoísmo ou a destruição de todos os sistemas e instituições, mas requer *uma agência individual*, o que também implica uma maior responsabilidade (Beck, Giddens & Lash, 1994). O processo de individualização implica também que os indivíduos se coloquem em situações de risco e desconhecidas. Na sociedade tradicional, a família apoiava os membros em momentos de insegurança e ansiedade, e na sociedade moderna, o Estado Providência tem tido esse papel. Na sociedade contemporânea, dominada pela individualização e pela mercantilização, há maiores exigências em relação a cada indivíduo (Beck, 1992). O apoio tem de ser criado de novas formas, razão pela qual é importante reforçar os laços de confiança entre as pessoas no seio das sociedades (Latham, 2001). A individualização não significa que as pessoas sejam entidades isoladas, mas sim que rompe com as estruturas tradicionais que dividiam as pessoas em categorias definidas. No entanto, embora o mercado tenda a ter um papel central neste processo, não pode substituir a democracia, e é necessária uma maior colaboração e democratização para organizar a nossa coexistência no mundo - tanto a nível global como a outros níveis da sociedade. A questão é também saber qual o papel que a digitalização pode ter neste processo.

Confiança

A internacionalização significa um aumento da velocidade a que as crises e os riscos se propagam (The Swedish Digitalization Commission, 2016). Isto exige acções correspondentes para mitigar os riscos. Uma vez que os riscos que enfrentamos são criados por actividades humanas, as ameaças são mais internas do que externas - quer seja a nível individual, organizacional ou social. Por conseguinte, a ênfase nos processos internos e na consciencialização, bem como o crescimento das qualidades internas de confiança e segurança dos indivíduos, organizações, colaborações, redes e sociedades, podem contribuir para criar um ambiente de apoio que garanta a resiliência nas sociedades à medida que ocorrem riscos mais complexos.

Nas sociedades ocidentais modernas, a confiança tem-se baseado, em grande medida, em sistemas especializados como as profissões, os conhecimentos especializados e as instituições, bem como nas expectativas que lhes estão associadas (Beck, Giddens & Lash, 1994). Parte da mudança atual é a forma como a confiança é criada nas sociedades, à medida que o conhecimento especializado é questionado. O questionamento pós-moderno dos monopólios de conhecimento das autoridades e dos peritos, bem como as novas formas de interação e de atuação, alteram os papéis profissionais e a forma como a confiança é gerada. É necessária uma redefinição dos valores, dos fundamentos da confiança entre as pessoas e da forma como as profissões e as trocas são exercidas em toda a sociedade (Giddens, 1990). É necessário desenvolver novos significados partilhados para encontrarmos um nível básico de confiança, a fim de podermos interagir com pessoas que não conhecemos. Não se trata do fim das profissões ou do conhecimento profissional, nem do fim das instituições na sociedade, mas sim de uma redefinição dos valores fundamentais e das relações entre as pessoas.

Se as ideias de pós-modernidade, modernização reflexiva e sociedade de risco forem combinadas, poder-se-á dizer que os papéis são redefinidos e remodelados, com o "indivíduo" como sujeito com capacidade de ação no centro das preocupações e as relações entre indivíduos - representantes de diferentes sistemas e profissões - a desempenharem um papel importante na criação de confiança. Embora o poder e o controlo se alterem e assumam novas formas, continua a ser necessário que certas funções numa sociedade funcionem. Dado o desenvolvimento tecnológico e as mudanças nas estruturas organizacionais, bem como nos valores e nas relações sociais, a configuração da sociedade assumirá novas formas e expressões. Isto poderá exigir uma redefinição do contrato social e a clarificação das responsabilidades dos vários actores, com base numa realidade global, multicultural e digital.

Capitalização da informação e espaços globais

Uma caraterística da modernidade reflexiva é o facto de a acumulação de capital ser ao mesmo tempo uma acumulação de informação e de os processos de produção se centrarem cada vez mais no processamento de informação (Beck, Giddens & Lash, 1994). Castells utiliza o conceito de informacionalismo (2000), como um modo de capitalismo centrado na Internet, na informação e no desenvolvimento tecnológico a nível global. A Internet e a digitalização têm tido um papel importante na transformação das estruturas organizacionais em redes, e o poder pode ser discutido em termos de fluxos - fluxos de capital, informação, comunicação e símbolos de significado. A Internet está a ser comercializada, mas também estão a surgir novas possibilidades, com novas formas de interação, relações e ligações, e comunidades virtuais com culturas próprias (Castells, 2000). Neste livro, o comércio em linha é utilizado como exemplo de um espaço global emergente em linha, com os seus próprios valores e de âmbito internacional, incluindo a circulação frequente de capitais e pessoas através das fronteiras nacionais.

medida que os processos de informação se tornam cada vez mais globais, temos também de olhar para a gestão da informação numa perspetiva de governação global, considerando as possibilidades e a inovação, mas também analisando a forma como interagem com as relações de poder, controlo e dominação. O desenvolvimento digital é muitas vezes considerado uma possibilidade, mas também tende a aumentar a desigualdade de acesso aos recursos. O poder é acumulado de diferentes formas, razão pela qual é necessário reforçar os meios de democracia e responsabilização (Giddens, 2002; Held, 2001).

A digitalização tende a ultrapassar as esferas anteriormente separadas e já não existem divisões claras entre os domínios público e privado. Já não é possível falar de um sector privado que seja apenas privado, uma vez que se mistura com a esfera pública e tem um efeito no mundo, afectando assim o comum. Quanto maior for o impacto e o poder de um ator, maior deverá ser a sua responsabilidade. Sendo a Internet uma infraestrutura na sociedade, temos de estar conscientes das vulnerabilidades e dos riscos que afectam a vida dos indivíduos, das empresas e das sociedades, e introduzir continuamente melhorias para os gerir. Uma dessas áreas de risco, que é objeto do livro, é a economia e o mercado financeiro.

Registos e desenvolvimento financeiro e digital

No debate sobre a informação, os arquivos e os registos têm um papel crucial. Um dos objectivos deste livro é abordar questões sobre globalização, digitalização, reflexividade e sustentabilidade em relação aos arquivos e à ciência da informação e destacar áreas de preocupação que podem ser abordadas em investigação e desenvolvimento futuros. É também uma exploração do panorama global da informação digital e das suas relações, que pode contribuir para a consciencialização dos desafios e riscos contemporâneos. Os registos podem ser definidos como "informação criada, recebida e mantida como *prova* e como um bem por uma organização ou pessoa, no cumprimento de obrigações legais ou na *transação* de negócios" (ISO

15489-1:2016, p. 2). Os arquivos são o conjunto de registos inter-relacionados, de um processo ou das actividades de uma organização. O desenvolvimento no ambiente digital está intimamente ligado aos processos financeiros, em que o mercado financeiro é um domínio central. As tecnologias digitais oferecem novas possibilidades de acesso ao mercado financeiro para as pessoas comuns.

A digitalização também altera as caraterísticas do dinheiro. Este é representado por informação digital, em vez de moedas e notas físicas. A gestão da moeda no contexto digital é também uma gestão da informação. A moeda é representada por registos, e os processos de registo são importantes para a gestão da moeda. Poder-se-ia dizer que os registos não são apenas um subproduto de uma transação, uma vez que, enquanto documentação de um ato, também representam transacções (Lemieux & Limonad, 2011) e activos. Por isso, é ainda mais relevante considerar os registos e a gestão de registos nas actividades financeiras. Para que a gestão de arquivos seja eficiente e assegure uma boa gestão dos arquivos no sector financeiro, é também importante conhecer as caraterísticas das actividades e processos financeiros (Lemieux, 2010a). Uma vez que as actividades e os processos financeiros decorrem em linha num ambiente de Internet, este é um contexto a que se deve prestar atenção. Os registos e a gestão de registos têm um papel crucial na formação de um sistema financeiro responsável e fiável, no qual a gestão eficiente do risco é crucial. A gestão do risco e dos registos está interligada, e uma gestão eficiente dos registos é uma parte central dos sistemas eficazes de gestão do risco (Lemieux, 2010b). Uma má manutenção de registos conduz à falta de responsabilização, o que leva a uma má gestão do risco e impede a rastreabilidade das posições e processos financeiros, criando uma situação de vulnerabilidade. No entanto, a prestação de contas apoia o controlo interno e a tomada de decisões eficaz. Os registos são provas que apoiam a responsabilização (Lemieux, 2001) e também servem como uma ferramenta importante para a supervisão e o controlo dos reguladores, através dos quais as empresas financeiras podem provar o cumprimento dos regulamentos (Herbst & Lovegrove, 2011) e os reguladores encontram inconsistências. A investigação sobre a crise financeira de 2007-2008 mostra que a deficiente manutenção de registos desempenhou um papel importante; "ou, mais precisamente, a sua ausência e deficiências contribuíram para a acumulação de riscos no sistema financeiro mundial que acabou por conduzir ao seu colapso e ao caos económico mundial" (Lemieux & Limonad, 2011, p. 29). As deficiências na gestão dos registos conduziram a riscos operacionais nas instituições financeiras e impediram uma gestão eficiente dos riscos, bem como uma resposta eficiente à crise (Lemieux, 2011). Estes são alguns dos aspectos das relações entre os registos, a gestão de registos e o mercado financeiro e, nos ambientes complexos de hoje, há muitos aspectos a considerar.

Desafio

Como a Internet é um fórum em evolução onde se realizam negócios, surgem novos processos comerciais que atravessam as jurisdições tradicionais e desafiam a base das nossas expectativas e a forma como é criada a confiança nas relações comerciais. Uma vez que o ambiente em linha altera a informação e os processos comerciais, a base para a criação de confiança também tem de ser reconsiderada. A confiança é crucial nas relações comerciais e um requisito para a partilha de informações e o comércio eletrónico em linha (Kelton, Fleischmann & Wallace, 2007). A confiança das pessoas num sistema como sendo seguro e estável é também um requisito para que um sistema financeiro funcione corretamente

(Lemieux, 2010a). Os actuais mercados financeiros em linha são muito complexos, podem ser difíceis de compreender e colocam os indivíduos e as empresas numa posição vulnerável. O crescimento exponencial do volume de dados financeiros dificulta a monitorização do mercado (Flood, Mendelowitz & Nichols, 2012), e a utilização de instrumentos complexos, com o objetivo de obter rendimentos elevados, pode ser difícil de compreender, tal como a avaliação do risco (Lemieux, 2010a). Há também riscos de violação de dados, fraude e cibercrimes. O caso utilizado neste livro, o comércio financeiro em linha, abordará os desafios relacionados com a confiança. Segundo os corretores entrevistados, a falta de confiança é um dos principais problemas do comércio em linha. Esta falta de confiança tem por base as más experiências das pessoas que perderam grandes quantias de dinheiro devido a problemas com empresas e corretores fraudulentos que as fazem perder dinheiro propositadamente, bem como a tendência das pessoas para deixarem que o medo e a ganância dominem as decisões, para além da falta de conhecimentos adequados. Os clientes têm falta de confiança nas pessoas que trabalham no sector, no sistema e em si próprios.

A gestão de registos tem um papel importante na contribuição para uma infraestrutura fiável que apoie os direitos dos consumidores e de outros intervenientes. Por exemplo, as falhas na gestão dos registos foram identificadas como um fator significativo responsável pelas violações de dados em empresas financeiras (Lemieux, 2010a). Quando os crimes de fraude e os comportamentos pouco éticos ocorrem no ambiente da Internet para além das fronteiras nacionais, levantam-se também questões de transparência, responsabilidade e valores sociais gerados na Internet. Trata-se de processos em que os registos estão estreitamente interligados. No atual ambiente em linha, é difícil saber em quem e no que confiar.

Os arquivos e a gestão de registos têm uma longa tradição de criação de confiança nos arquivos e registos, existindo um vasto projeto de investigação internacional no domínio dos arquivos e da ciência da informação centrado na confiança no ambiente digital em linha (https: //interparestrust. org).

A manutenção de registos fiáveis não se refere apenas à informação enquanto tal, mas contribui também para uma mentalidade e abordagem globais - nas relações, nos processos e no comportamento institucional. Torna-se um valor de governação integrado em processos, instituições, pessoas, práticas e informação. Ao criar um contexto de confiança, influencia igualmente a perceção que as pessoas têm do mundo que as rodeia e das suas interações. Pode dizer-se que a gestão dos arquivos e dos registos se baseia num "discurso de confiança". Os registos podem ser vistos como ferramentas ou mecanismos para criar confiança. A minha perceção é que a confiança é um fator crucial para a criação de um crescimento sustentável e que tem de ser abordada a diferentes níveis e sob diferentes aspectos, para criar um discurso de confiança.

Comércio em linha

O exemplo que foi utilizado para este estudo encontra-se no comércio em linha no mercado financeiro. O comércio em linha significa que qualquer pessoa com uma ligação à Internet pode aceder ao mercado financeiro e negociar vários activos em linha, como acções, forex, mercadorias e índices, utilizando uma plataforma de negociação fornecida por uma empresa de corretagem (Roca, Garcia & de la Vega, 2008, p. 97; Investopedia, 2016). Um dos maiores mercados financeiros é o mercado Forex, no qual são transaccionados diariamente mais de 4 triliões de dólares. As transacções são feitas com base nas flutuações do mercado, o que exige uma avaliação da direção das tendências. É possível ganhar (ou perder) tanto nas tendências de subida como nas tendências de descida. Muitas vezes, pode ser utilizada alavancagem, o que significa que o montante dos lucros - ou das perdas - é aumentado (FXGM, 2016).

Os corretores funcionam como uma ponte entre os clientes e o mercado financeiro. Efectuam a análise do mercado e prestam assistência, orientação e formação aos clientes, explicando-lhes o que é o mercado, como utilizar as ferramentas, como funciona a plataforma de negociação e muito mais. Acompanham o cliente em todo o processo e, consoante a forma como este pretende trabalhar, podem prestar mais ou menos assistência. Podem negociar diariamente, semanalmente ou mensalmente com os clientes, bem como durante eventos maiores em que o mercado se movimenta muito. A medida em que os corretores estão dispostos a prestar assistência varia consoante a quantidade de dinheiro que o cliente investe e as diferentes abordagens dos corretores e das empresas. Um dos corretores calculou que existem cerca de 3.000 empresas de corretagem online de diferentes dimensões. Os corretores e as empresas de corretagem colaboram depois com outros actores, bancos, fornecedores de cartões de crédito como Visa e MasterCard, empresas de educação e fornecedores de sinais.

A análise pode ser efectuada internamente ou adquirida a especialistas. A análise consiste numa análise técnica e fundamental e fornece orientações sobre o rumo que o mercado deverá tomar. A análise técnica baseia-se em tendências históricas e na ideia de que o mercado evolui em ciclos, mas também tem em conta as tendências actuais. A análise fundamental diz respeito ao que acontece no mundo real, aos aspectos contextuais que afectam o mercado. Pode incluir os resultados das empresas, as taxas de juro, as taxas de desemprego e os anúncios dos bancos centrais. Seguir as notícias é importante para a análise fundamental.

O comércio em linha é muitas vezes apresentado como algo que qualquer pessoa pode fazer, algo que não demora muito tempo e em que o cliente pode negociar como um profissional e obter um rendimento adicional em pouco tempo. O mercado financeiro pode ser acedido a partir de um telemóvel, tablet ou computador, e diz-se que, com apenas alguns cliques, uma pessoa pode obter lucros todos os meses, dependendo dos objectivos financeiros e do que é investido. Parece muito fácil, mas a questão é: será que é?

Sobre este livro

Este livro centra-se na confiança, na forma como é utilizada, mal utilizada, criada e interpretada, bem como no seu papel no desenvolvimento sustentável. A confiança é um conceito central nos arquivos e na ciência da informação e, uma vez que a economia digital se centra na informação, um ponto de partida deste livro é explorar o contributo que este campo do conhecimento pode dar, bem como destacar áreas para uma maior consideração e investigação. Discutirá também o possível contributo das *perspectivas* dos arquivos e da ciência da informação sobre formas de concetualizar o que a sustentabilidade pode significar em relação à economia, e a parte 4 terá uma discussão mais "aberta" para convidar a uma conversa e a mais investigação. Tudo isto estará ligado às relações de poder, uma vez que se trata de uma preocupação fundamental nos debates sobre exclusão e inclusão, e à consideração da estratégia Visão 2020 da UE para criar um crescimento inteligente, sustentável e inclusivo. O desenvolvimento digital e a globalização tendem a aumentar a escala dos movimentos financeiros, o que, por um lado, cria possibilidades de lucro financeiro, mas também constitui um risco de maior turbulência e crises financeiras, bem como de aumento da desigualdade.

Este livro não tem como objetivo provar nada ou apresentar uma série de soluções, mas sim levantar questões para discussão e conversa sobre como avançar. O objetivo é levantar questões de *preocupação, reflexão* e *conversa* para fazer *escolhas* mais *conscientes*, no que diz respeito ao que criamos e ao efeito que queremos ter no mundo.

O objetivo inicial desta investigação consistia em colocar as seguintes questões: o que pode ser feito para criar um sistema financeiro mundial sustentável? Como é que o mercado financeiro mundial pode contribuir para o desenvolvimento sustentável? Que papel desempenham os arquivos neste contexto? Qual pode ser o contributo da disciplina dos arquivos e da ciência da informação? Para um estudo, escolhi o domínio do comércio em linha e a realização de um estudo etnográfico na perspetiva do cliente. Por conseguinte, outra questão era também explorar as possibilidades de um indivíduo obter rendimentos através do comércio em linha. Depois, ao longo do processo, surgiram questões mais distintas e a confiança foi identificada como o centro das preocupações neste domínio. Isto faz parte de um processo de interação com os outros, para além do desenvolvimento de novas consciências e conhecimentos. O que está escrito neste livro é da minha inteira responsabilidade, e eventuais aspectos controversos não devem ser atribuídos a nenhum dos autores referidos.

Escolhas e considerações metodológicas

O estudo empírico deste livro baseia-se num método qualitativo.

O que significa que não tem como objetivo generalizações, mas sim utilizar um exemplo de um campo para discutir determinados tópicos. O exemplo do livro é o comércio em linha no mercado financeiro, onde foi efectuado um estudo etnográfico. Este é depois discutido recorrendo a conceitos teóricos, perspectivas e enquadramentos da sociologia e dos arquivos e ciência da informação. O livro inclui também uma discussão mais "aberta" sobre a forma como os conceitos e modelos das ciências da informação e dos arquivos podem ser aplicados para apoiar o desenvolvimento sustentável.

Um estudo etnográfico fornece os meios para explorar e compreender os valores culturais, as ideias e os comportamentos, e a forma como estes constroem a nossa realidade, tanto a nível individual como social (Williamson, 2013a; Williamson, 2013b). A etnografia tem uma abordagem indutiva, segundo a qual o conhecimento é desenvolvido num processo ascendente, em que a teoria é desenvolvida a partir de material empírico, como a experiência e a interação com os participantes (Williamson, 2013b), mas também utiliza teorias e conhecimentos existentes ao longo do processo. A etnografia visa explorar os fenómenos culturais a partir do seu interior. Implica tornar-se parte da comunidade, por exemplo, trabalhando nela. Desta forma, o investigador pode obter uma "visão interna" de algo, por oposição a uma perspetiva externa (Oliver & Foscarini, 2014). No estudo, foi utilizada a autoetnografia, que é quando o investigador é um participante ativo e utiliza experiências e material para fins de investigação. A investigação não é o alvo principal, exceto quando o material empírico é analisado e utilizado para a escrita, ou quando a participação é complementada com uma observação orientada para a investigação, caso em que também pode ser chamada de observação participante. É uma forma de ser mais "igual" aos outros participantes, o que contribui para o estudo e torna o investigador menos "superior" em relação ao campo (Alvesson, 2003). É também um método em linha com as ideias expressas como investigação "com e para a sociedade" (Comissão Europeia, 2016). A utilização das suas próprias experiências requer a capacidade de se distanciar e refletir sobre as ocorrências. Uma capacidade de compreender de perto as regras culturais, mas também de as manter à distância, uma distância dos preconceitos a nível pessoal, bem como dos quadros socialmente partilhados (Alvesson, 2003). Uma forma de o fazer é trabalhar sistematicamente com reflexividade e adotar diferentes perspectivas, o que leva o investigador a mudar o nível de interpretação para um meta-nível. Outra forma pode ser trabalhar com diferentes auto-conceitos e papéis (Alvesson, 2003). Durante o estudo, foram utilizadas perguntas para manter uma abordagem reflexiva, para desafiar as percepções pessoais e ganhar consciência do que estava a acontecer. Foram utilizadas para refletir sobre as experiências, para tomar consciência do possível impacto dos preconceitos pessoais nos acontecimentos, bem como uma forma de monitorizar continuamente o distanciamento pessoal das experiências e de perceber o máximo possível. A abordagem pretendida era a de estar ao corrente de tudo o que acontecia. Durante o trabalho de campo, foram aplicadas três perspectivas: a perspetiva de um cliente que participa no comércio; a do cidadão empenhado que reflecte sobre os desafios e as possibilidades de uma perspetiva social; e a do investigador que reflecte sobre o que aconteceu na perspetiva dos arquivos e da ciência da informação. A alternância entre estes papéis também facilitou a manutenção de uma distância em relação ao que aconteceu, bem como a não personalização de nada. Desta forma, as reflexões incluíram as perspectivas do cliente/indivíduo, do cidadão/sociedade e da investigação em arquivos e ciências da informação.

A auto-etnografia inclui tanto a documentação do que é percepcionado, como conversas e entrevistas mais estruturadas, que crescem de forma dinâmica à medida que a investigação avança e se adquirem mais conhecimentos e experiência (Alvesson, 2003; Williamson, 2013c). Inclui tanto a descrição, como a análise e a interpretação, onde são aplicadas diferentes perspetivas teóricas (Creswell, 2007). Na interpretação, análise e organização do material, foi utilizada a reflexividade e a análise de conteúdo (Elo & Kyngas, 2007), e foram aplicadas diferentes abordagens teóricas. Foi publicado um artigo com base no estudo (Engvall, 2017). Desde que o artigo foi escrito, foram efectuadas conversas adicionais com corretores que contribuíram para uma maior compreensão, e este livro discute os resultados com lentes teóricas adicionais. Utiliza principalmente os escritos dos teóricos da sociologia Giddens, Beck, Lash e Castells, e a literatura arquivística com ênfase nas perspectivas da cultura da informação desenvolvidas por Oliver e Foscarini (2014). O trabalho de Victoria Lemieux sobre o mercado financeiro, o conhecimento em torno da confiança desenvolvido por Luciana Duranti e no âmbito da rede InterPARES, bem como o modelo de records continuum desenvolvido por Frank Upward, e o modelo de recordkeeping informatics são também partes importantes e trabalhos que pretendo aprofundar. Embora os escritos de Castells, Beck, Lash e Giddens tenham sido produzidos há alguns anos, muitos deles ainda são considerados aplicáveis às experiências aqui discutidas. A ideia foi compreender as perspectivas dos outros, utilizar as minhas próprias experiências, bem como o conhecimento e as perspectivas teóricas existentes, para analisar e contextualizar diferentes padrões e desafios, de modo a criar uma compreensão holística.

O estudo inclui experiências de comércio em linha com seis empresas de corretagem diferentes; conversas com cerca de 150 corretores por telefone ou Skype; conversas adicionais por escrito, principalmente por Skype; um curso de comércio em linha; entrevistas não estruturadas com sete corretores, um formador em comércio, um agente da polícia e dois representantes políticos. Foram efectuadas conversas com representantes das autoridades públicas que não estão incluídas no material apresentado, mas que contribuíram com conhecimentos. Uma consideração ética destes métodos é a forma de se relacionar com os participantes no terreno (Bryman, 2002). Em parte, as interpretações da investigação empírica partem da experiência do investigador com a intenção de realçar as perspectivas e a consciencialização que ocorreram na perspetiva do cliente. Outra parte inclui as perspectivas dos profissionais no terreno através da utilização de conversas e entrevistas. Se fosse outra pessoa a realizar o mesmo estudo, o resultado seria diferente devido à perspetiva e às experiências dessa pessoa, bem como às suas interações dinâmicas com os profissionais. É também uma colaboração e criação de conhecimento em conjunto com aqueles que se dispuseram a contribuir para o estudo; aqueles que se recusaram não foram incluídos. Alguns dos entrevistados também forneceram notas, leram textos e contribuíram com comentários.

Os estudos de investigação podem ser de diferentes tipos e ter diferentes objectivos e alvos. O objetivo do presente estudo é explorar possibilidades, desafios e padrões, a fim de aumentar a sensibilização. Na sua tese, Katarina Lindblad-Gidlund (2005) faz uma distinção entre descoberta e prova na investigação. A ciência não tem apenas a tarefa de justificar, mas também de adquirir uma compreensão mais profunda de aspectos, estruturas e relações. A investigação qualitativa, que visa explorar algo, pode ser um contributo pela forma como encara um fenómeno, destaca novas perspectivas ou levanta preocupações em novos domínios.

Na investigação qualitativa, a reflexão intelectual é fundamental, para distorcer e transformar o conhecimento existente e desenvolver a consciência sobre um tópico. Inclui questionar inter-relações óbvias e percebidas, relacionando-as com conjuntos de ideias mais amplos, bem como questionar-se continuamente e ir além das zonas de conforto e estar consciente da forma como diferentes abordagens ideológicas e teóricas podem afetar o que é apresentado (Lindblad-Gidlund, 2005). Tendo isto como pano de fundo, quero sublinhar que o que é apresentado neste livro é uma forma de olhar para interações, padrões e relações complexas, para as quais foram utilizadas várias lentes teóricas na análise. A aplicação de outras perspectivas teóricas permitiria realçar outros aspectos. Existe um vasto corpo de conhecimentos que pode ser considerado em relação ao que é discutido neste livro, e há um limite para o que pode ser abordado. Esta pode ser considerada a minha contribuição para uma discussão, tal como ela se apresenta atualmente. Tal como acontece com todos os conhecimentos, é importante ter uma abordagem reflexiva e fazer perguntas sobre a forma como se relacionam com a perceção do leitor, mas também desafiar e questionar as ideias existentes e estar aberto a tudo o que possa contribuir.

Resumo das experiências

Para resumir o estudo, foram encontradas diferentes experiências. Trata-se de pessoas, processos, sistemas e regulamentos, bem como de questões culturais, políticas e filosóficas. Inclui encontros com empresas fraudulentas e com empresas sérias. Inclui também a colaboração com corretores que foram manipuladores e mentirosos e desapareceram, bem como a colaboração com corretores cuja intenção é contribuir para a melhoria da situação financeira dos seus clientes. Incluiu muitas conversas com diferentes corretores, alguns dos quais foram muito agressivos na abordagem, enquanto outros mostraram uma verdadeira preocupação com os clientes e uma grande variedade de atitudes diferentes - tal como as pessoas em geral são diferentes. Alguns argumentam intensamente para convencer o cliente, enquanto outros apresentam informações e querem que o cliente faça uma escolha. Embora haja uma grande variedade, há também padrões que podem ser reconhecidos como recorrentes.

Houve situações em que o dinheiro desapareceu e em que foram feitas tentativas de efetuar levantamentos com cartões de crédito. Houve problemas nos sistemas de TI, com dados imprecisos, gráficos que não foram actualizados e funções que não estavam a funcionar. Também houve experiências de como as TI são utilizadas para estabelecer uma posição de poder. A infraestrutura de TI é o contexto para a interação e molda as relações de poder entre clientes e empresas. As diferentes concepções dos sistemas e a forma como a informação é partilhada com os utilizadores afectam a experiência do utilizador, bem como o seu desempenho.

A forma como as informações sobre os clientes são difundidas entre as empresas e como são utilizadas no marketing é central. Inclui-se também aqui uma experiência do processo de apresentação de queixa à polícia e de contacto com as autoridades, em que foram reconhecidas algumas lacunas entre as jurisdições tradicionais e o contexto digital. Quando isto começou, eu não tinha conhecimento do comércio em linha, dos regulamentos existentes ou da forma como era feito. O meu conhecimento foi-se desenvolvendo ao longo do percurso. Negociei tanto em empresas não regulamentadas como em empresas regulamentadas, que tiveram abordagens muito diferentes. Devem ser consideradas como exemplos, mas, com base na experiência e nas conversas com corretores, diria que existe uma escala, desde as empresas não regulamentadas, onde o cliente está completamente desprotegido, até às empresas regulamentadas, onde existem diferentes níveis de envolvimento. Nas empresas regulamentadas, tem de haver um processo para as queixas e o cliente tem determinados direitos. Mas as culturas empresariais, as atitudes e os comportamentos dos actores envolvidos podem ainda ser bastante diferentes. Como cliente, tem de estar consciente de que é muito vulnerável ao mercado financeiro e tem de ser muito competente e encontrar boas pessoas e empresas com quem trabalhar para ser bem sucedido. Das entrevistas com corretores, bem como das minhas próprias experiências, os principais desafios centram-se em questões relacionadas com a confiança. O que quero sublinhar principalmente é a necessidade de uma infraestrutura digital de confiança mais holística. Isto inclui aspectos tecnológicos e de manutenção de registos, regulamentos, processos e modelos empresariais, aspectos culturais como valores, atitudes e comportamentos, bem como questões de dimensão mais filosófica e ética. Inclui melhorias nos mecanismos de responsabilização e transparência, mas também mudanças de valores e comportamentos. Tem de incluir tanto os aspectos externos do sistema de informação, como os aspectos internos das pessoas e a forma como se manifestam nas acções. Devem ser abordados diferentes níveis e camadas: individual, empresarial, social e do planeta - e a forma como estes interagem e se influenciam mutuamente, onde os aspectos internos encontram condições, estruturas e facetas culturais externas. Há cadeias de actores e actividades envolvidas, em que as questões relativas às responsabilidades são cruciais. Pode haver um elo na cadeia que não seja fiável, e o que acontece quando algumas coisas são realizadas por robôs, quem deve ser responsabilizado?

Há mudanças e melhorias contínuas no domínio, tanto em termos da forma como as actividades são realizadas como dos regulamentos, pelo que o que está escrito neste livro tem de ser interpretado tendo isso em conta. A minha experiência e os conhecimentos adquiridos também conduziram a investigação em determinadas direcções e continuam a fazê-lo. Não deve ser considerado como algo estático e final, mas sim como um processo dinâmico, no qual a experiência, a consciência e o conhecimento estão constantemente a melhorar - juntamente com as mudanças no ambiente. Em suma, incluiu uma variedade de experiências e muitas conversas interessantes que proporcionaram conhecimentos valiosos e contribuíram para novas perspectivas e consciencialização. Estou muito grato por tudo isto. Na próxima parte, será abordado o estudo do comércio em linha.

PARTE 2-EXPERIÊNCIAS DO COMÉRCIO EM LINHA

"A culpa, caro Brutus, não está nas nossas estrelas, mas em nós próprios."

(William Shakespeare, Julius Caesar)

2. Estruturas informativas

No ambiente digital, as estruturas são manifestadas e moldadas em grande medida pela informação e pela tecnologia, em sistemas de negócios e de comunicação. Estes moldam as relações entre os actores e têm também intenções e valores subjacentes. No caso do comércio em linha, foram reconhecidos padrões relacionados com as estruturas empresariais, os meios de comunicação, o controlo do dinheiro, o papel da informação e da tecnologia, a linguagem e as atitudes e a construção pós-moderna do profissionalismo, todos eles agrupados numa secção designada por *estruturas informacionais*. Em estudos futuros, seria interessante desenvolver uma compreensão mais abrangente do que as estruturas informacionais poderiam significar e incluir no ambiente em linha, e aprofundar a investigação sobre este tópico.

A estrutura informacional discutida neste livro é central para a formação de relações de poder e para a distribuição de possibilidades, riscos e responsabilidades. O estudo levanta algumas preocupações relacionadas com este aspeto, que podem contribuir para o desenvolvimento de uma infraestrutura digital que promova a inclusão, a equidade e a sustentabilidade. Neste contexto, as discussões sobre o poder não têm a ver com o facto de alguém usar a força contra outra pessoa. Pelo contrário, trata-se de saber quem tem o controlo e o acesso aos recursos no desenvolvimento de uma realidade (do nível pessoal ao global) - incluindo as percepções do mundo, o modo como se manifestam de diferentes formas e são postas em prática, e como isso afecta a direção do futuro. Inclui questões sobre quem é apoiado pelas estruturas, que interesses dominam e moldam os principais valores e comportamentos, quem assume a responsabilidade pelo quê, o que é considerado e o que não é? Também considera a forma como a confiança é construída e como se relaciona com o poder - a nível individual, relacional e social. Começaremos por analisar as estruturas empresariais num contexto de rede globalizada.

Complexidades das estruturas empresariais em linha

Uma das áreas do comércio em linha que é complexa e pode criar alguma confusão é a das estruturas empresariais e de quem é responsável por diferentes coisas. Existem diferentes constelações que envolvem vários actores, com vários papéis e funções dispersos por diferentes localidades e actores. As empresas têm escritórios em vários países, que podem ser mais ou menos coordenados ou independentes. Algumas empresas coordenam os seus escritórios em relação aos fusos horários dos clientes, mas do ponto de vista do cliente parece haver um baixo nível de coordenação. Muitas vezes, vários corretores da mesma empresa telefonam. As explicações dadas para este facto são que não sabem o que é feito por outros escritórios situados noutras partes do mundo. Muito poucas empresas fornecem informações sobre a estrutura organizacional e quem é o diretor.

Como já foi referido, existem também diferentes constelações e colaborações entre diferentes empresas. Para dar um exemplo, uma corretora fornece uma plataforma de negociação, colabora com uma empresa que fornece formação e outra que fornece sinais de negociação. Dentro da empresa de corretagem, os serviços de apoio podem estar localizados num país, os corretores em diferentes escritórios em diferentes países e a sede num terceiro país. Assim, se um cliente ligar para o serviço de apoio, não é fácil passar a chamada telefónica ou falar com alguém de outro departamento. Desta forma, a tecnologia controla a comunicação, institui determinadas relações e padrões e é um meio de diferenciação de poder. A estrutura organizacional parece ser flexível, com diferentes parcerias a diferentes níveis, entre empresas mas também entre um corretor e empresas. Existem também empresas de marketing que contactam os clientes. Os corretores mudam frequentemente de emprego, deslocando-se entre escritórios, empresas e países, o que faz deste um ambiente em constante mudança. É como um ambiente modular em rede, com diferentes constelações, que mudam frequentemente. Isto é algo que Castells (2000) discute como um padrão e um desafio no contexto da rede de informação digital: que as estruturas de rede incluem maiores complexidades de interação e imprevisibilidade, que são flexíveis, alteráveis e modificáveis e em que os componentes podem ser reorganizados. Um dos entrevistados considera que a estrutura organizacional foi concebida para evitar a responsabilização e a prestação de contas, e que é uma forma de algumas empresas ganharem muito dinheiro. Toda a gente tem alguém a quem culpar e o cliente é posto de parte. Ao mesmo tempo, apesar de todos estes padrões de mudança, muitos corretores afirmam que pretendem manter relações duradouras com os clientes. Embora existam diferenças entre as empresas, a mudança frequente é um padrão comum. O contexto em linha também facilita a ação das empresas que pretendem aproveitar-se das pessoas, sem quaisquer repercussões. Uma empresa fraudulenta pode simplesmente encerrar o seu sítio Web e depois reaparecer com um nome diferente e um novo sítio Web. Desta forma, é fácil evitar assumir responsabilidades. A transparência sobre a empresa e sobre quem está envolvido foi apontada como um fator que pode criar mais confiança, uma vez que as empresas fraudulentas são frequentemente secretas sobre muitas coisas, incluindo as identidades dos actores envolvidos.

Isto pode ser visto como um exemplo da lógica dos padrões de globalização, em que o planeamento da organização é feito a nível internacional e em rede de colaborações. De acordo com Castells (2000), as tecnologias permitem uma divisão mundial do trabalho e as empresas planeiam estrategicamente a localização dos escritórios e do capital. O autor argumenta que esta situação favorece sobretudo as maiores empresas, que podem ultrapassar as dimensões políticas, enquanto as empresas mais pequenas têm de assumir cada vez mais responsabilidades. O desenvolvimento da Internet incluiu a integração global e a transformação económica e técnica, em que se moldam os fluxos de comunicação, riqueza, informação e poder (Castells, 2000). Castells argumenta ainda que a Internet traz grandes possibilidades de partilha de informação, descentralização e flexibilidade, mas também estão a surgir desigualdades, por exemplo, no que diz respeito ao acesso à informação, aos padrões de inclusão e exclusão e a um elevado nível de secretismo. O declínio dos mercados centrais e uma regulamentação mais flexível dificultaram o controlo dos movimentos de capitais. O secretismo dos investimentos atraiu grandes grupos de capitais, enquanto os pequenos investidores não tiveram as mesmas possibilidades. O acesso limitado à informação em linha foi compensado pela necessidade de reacções rápidas, o que teve como consequência uma maior complexidade e volatilidade (Castells, 2000). A volatilidade significa que os movimentos no mercado podem gerar lucros, mas também implica um risco mais elevado. No comércio em linha, alguns corretores parecem estar muito preocupados em "aproveitar as oportunidades", insistindo em tomar decisões rápidas, o que nem sempre parece ser apoiado por uma análise sincera, enquanto outros parecem estar mais confiantes em relação às diferentes tendências. Isto pode ser uma indicação de diferentes níveis de acesso a informações exactas. Estar na periferia do fluxo de informação gera mais stress do que estar no centro. A personalidade, a confiança e os padrões de comportamento também afectam os níveis de stress. Os espaços virtuais onde os actores podem colocar dinheiro sem que ninguém saiba também foram identificados como problemáticos. Estes espaços são como buracos negros digitais que são muito difíceis de seguir.

Realidade temporal e espacial

Nas minhas experiências de comércio em linha, apercebi-me de que os aspectos do tempo e do espaço eram diferentes. A comunicação pode ser efectuada em tempo real e a longas distâncias, mas ao mesmo tempo é controlada pelos sistemas TIC. Uma pessoa pode controlar quando comunicar e, dessa forma, controlar o momento das interações. O facto de muitas empresas não terem um endereço físico também lhes dá o controlo do espaço. O acesso a este espaço também é controlado pela comunicação, porque o "lugar" onde as pessoas se encontram e interagem é digital. A literatura também salienta que o ambiente da Internet transforma as percepções e as relações com o tempo e o espaço. Os espaços não estão limitados por fronteiras físicas, mas são antes moldados por redes funcionais. Se na sociedade industrial as coisas se organizavam em torno do tempo, na sociedade em rede o espaço é o fator organizador. Trata-se de uma mudança do tempo linear para a relativização do tempo (Castells, 2000). A globalização permite que os actores transnacionais desenvolvam actividades em diferentes domínios, para além das fronteiras e jurisdições nacionais, e está a emergir uma sociedade mundial que não é determinada pela política dos Estados nacionais, pelo menos para alguns. Há uma maior interconexão a nível mundial, onde surgem espaços globais transnacionais. Isto é caraterístico do comércio em linha, mas ao mesmo tempo há também ligações às culturas e políticas nacionais. Por exemplo, a maioria das empresas afirma estar a telefonar de Londres, o que, segundo um dos corretores, se deve ao facto de a maioria das pessoas na maioria dos países ter uma visão positiva do Reino Unido e de Londres. Há lugares no mundo que podem parecer controversos e ter certas ligações culturais. Neste caso, trata-se mais de utilizar códigos culturais ligados a determinados locais e a significados culturais e políticos nacionais, mas sem estar vinculado a eles, uma vez que podem estar situados em qualquer parte do mundo sem que o cliente saiba efetivamente onde a pessoa está fisicamente situada. De acordo com Hall (2018), as culturas financeiras designadas por "capitalismo de cavalheiros" em Londres têm, por tradição, a confiança como um ingrediente importante, incluindo a honestidade e o comportamento justo. Pode perguntar-se se isto faz parte do que foi mal utilizado no caso do comércio em linha. O que também foi referido nas entrevistas é a falta de controlo das empresas registadas no Reino Unido, o que facilita o registo de empresas nesse país. Londres é também um dos centros financeiros do mundo, e podemos também interrogar-nos sobre o significado de Londres do ponto de vista histórico-cultural, enquanto nó central do desenvolvimento económico durante séculos (Higginbottom, 2017). Para além disso, existe também um aspeto físico de centro e periferia, em que o acesso à informação é tanto mais rápido quanto mais próximo se estiver do centro da tecnologia. No comércio, o tempo é um fator decisivo para a quantidade de lucro que se pode obter.

A questão é saber quem ou o que defenderá os direitos humanos quando os novos processos empresariais seguem novos caminhos fora do âmbito dos processos de responsabilização. Parece que a liberdade do capital avançou mais rapidamente do que a proteção dos direitos humanos. As empresas fraudulentas no comércio em linha são exemplos disso, com uma falta de processos eficazes para defender a justiça. De acordo com as experiências de queixas, as jurisdições estão, em grande medida, vinculadas aos Estados nacionais, o que torna mais complicado atuar fora do país em que a pessoa vive. As organizações que protegem os direitos dos consumidores precisam de endereços físicos e escritórios das empresas em questão para poderem contactá-las. Segundo Beck (2000), as economias virtuais facilitam que os fluxos de dinheiro escapem ao controlo democrático. Estão a emergir novos padrões de relações de poder e a tomar forma tensões, concorrência e contradições entre as esferas nacionais dos Estados e dos actores em relação a actores, identidades, espaços e processos transnacionais, enquanto a cidadania e os direitos dos cidadãos continuam a estar fortemente ligados à esfera nacional. Existem regulamentos que funcionam apesar da residência nacional, mas seria bom identificar as lacunas no espaço entre a cidadania nacional e as actividades internacionais e, numa perspetiva de gestão de registos, abordar as questões relativas às provas ligadas aos direitos legais e às necessidades de responsabilização.

Estes espaços virtuais significam também que os padrões culturais são postos em causa e que são locais de criação de novos valores e normas culturais. É também um local de risco de mal-entendidos e contradições, por exemplo, em relação às percepções de confiança e profissionalismo. Como no exemplo do comércio em linha, podem ser levantadas muitas questões sobre o que um cliente deve realmente esperar das empresas e dos corretores, o que significa o seu papel profissional e que compromissos são assumidos no ambiente em linha nas transacções e interações entre diferentes actores. Tal como é discutido no livro sobre a teoria da dependência (Kufakurinani, Kvangraven, Santana & Styve (Eds.), 2017), vários investigadores mencionam a importância de considerar as perspectivas histórico-culturais nos debates sobre o desenvolvimento económico e a forma como os aspectos estruturais influenciam o comportamento dos diferentes intervenientes, as possibilidades disponíveis e os papéis desenvolvidos em relação aos outros. Isto tem de ser considerado, uma vez que actores de condições muito diferentes se encontram e fazem trocas em novas circunstâncias. Somos afectados pelo passado, bem como pelas circunstâncias presentes e pelo que é desejado e considerado possível no futuro.

Se o Estado controlou o espaço físico durante a fase da modernidade e da industrialização, a digitalização está agora a desafiá-lo, criando espaços virtuais não limitados por fronteiras nacionais. Onde os desejos das pessoas e a organização das suas vidas não estão necessariamente ligados a áreas geográficas na mesma medida. Mas isso também exige uma democracia global e mecanismos globais de defesa dos direitos humanos. Nesta organização complexa das sociedades mundiais, não existem arenas claras onde uma maior igualdade e justiça possam ser discutidas, decretadas e aplicadas. Há uma descentralização e, ao mesmo tempo, uma centralização e concentração de poder, capital, informação, conhecimento e tomada de decisões. A orientação para uma ênfase nas soluções de mercado também tende a implicar uma concorrência acrescida que cada vez mais pessoas não conhecem (Beck, 2000). Podemos interrogar-nos sobre quem beneficia das possibilidades do contexto em linha, quem tem liberdade e quem controla o modo como este se desenvolve. No exemplo do comércio em linha, um elevado nível de competitividade está também muito presente, tanto entre empresas, como dentro das empresas, onde vários corretores podem, por vezes, telefonar e pressionar de forma bastante agressiva para se registarem no seu sítio Web, mesmo que isso já tenha sido feito com outra pessoa da mesma empresa. Isto também é uma indicação da prioridade que é dada à gestão de registos, se existe uma cultura de partilha de informações na empresa e se a empresa tem um modelo de negócio orientado para o cliente. Do ponto de vista de um cliente, não parece particularmente profissional quando várias pessoas da mesma empresa telefonam e pedem a mesma coisa, sem saber que acções os outros estão a tomar. Não dá uma impressão de confiança. Os principais aspectos a considerar pelas empresas financeiras no desenvolvimento de serviços digitais são a orientação para o utilizador e a simplicidade, compreensão e transparência (Ohman, 2015).

O que inclui também a necessidade de uma maior compreensão do contexto, transparência e orientação para o utilizador no ambiente em linha.

Comunicação e controlo

O comércio em linha é efectuado em linha, através da Internet e de sítios Web fornecidos e controlados por empresas de corretagem. Os clientes abrem uma conta num sítio Web onde são efectuados depósitos e levantamentos e onde estão disponíveis registos das transacções. Na plataforma de negociação ligada ao sítio Web, os clientes podem abrir e fechar posições de negociação. A colaboração com o corretor é fundamental e a comunicação com ele é muito importante na relação cliente-corretor, muitas vezes por telefone e Skype, mas também por correio eletrónico. Os e-mails são frequentemente utilizados para enviar documentos formais e para contactar com os departamentos de conformidade ou de apoio, enquanto o Skype e o telefone são utilizados para a comunicação quotidiana mais regular com os corretores. O Skype permite a partilha de ecrã com outra pessoa e é frequentemente utilizado no ensino e para mostrar gráficos e movimentos esperados no mercado, bem como cálculos. O Skype também tem uma função de chat, o que permite escrever mensagens e ter tanto conversas instantâneas como à distância temporal, caso em que também é possível ver o histórico da conversa. O contacto inicial é geralmente feito por telefone. Normalmente, os dados pessoais são obtidos a partir de um registo ou de uma visita a um sítio Web. Devido às muitas formas como as pessoas estão sujeitas ao marketing digital direcionado, nas redes sociais, no correio eletrónico, nas mensagens de texto, etc., existem vários canais onde podem ser recolhidas informações sobre potenciais clientes.

A forma como a comunicação funciona varia. Uma experiência comum no contacto com empresas fraudulentas é que estas controlam os meios de comunicação e é muito difícil para um cliente entrar em contacto com elas. Muitas vezes, o número de telefone vai para um serviço de apoio, que garante a quem telefona que deixará uma mensagem para que o corretor lhe ligue de volta. Isto facilita-lhes o facto de ignorarem a chamada. O cliente não tem um escritório para visitar, nem meios para entrar em contacto com a pessoa certa, uma vez que não atendem as chamadas telefónicas e o serviço de apoio diz que não há mais nada que possam fazer. Nas empresas regulamentadas, existem procedimentos para as reclamações e o cliente não depende do corretor para aprovar ou não os levantamentos, enquanto em muitas empresas fraudulentas o cliente depende do corretor para aprovar os levantamentos. Em conversa com um corretor, foi-lhe explicado que têm um sistema de comunicação baseado na Internet, em que os operadores do serviço de apoio enviam mensagens aos corretores, que não têm números de telefone e estão situados em diferentes países. Desta forma, as tecnologias da informação podem ser concebidas para controlar os fluxos de comunicação, o que confere à empresa e ao corretor o controlo sobre o cliente.

A forma como a comunicação funciona também depende da pessoa e da sua forma de trabalhar. Em resumo, os meios de comunicação podem ser concebidos para controlar as relações cliente-corretor. Este pode ser um exemplo do que Castells (2000) chama de distribuição de poder através de fluxos. Trata-se de um exemplo de controlo dos fluxos de comunicação e dos fluxos de dinheiro.

De acordo com Castells (2000), as tecnologias da Internet têm um papel central na formação de práticas sociais, formas de pensar e como as práticas sociais são realizadas, onde as funções e o poder são organizados no espaço de fluxos de redes globais. Isto também pode estar relacionado com diferenças no acesso a recursos e posição em termos de centro ou periferia, onde a riqueza no núcleo é, em grande medida, construída com base em recursos que são puxados para o núcleo (Kufakurinani, Kvangraven, Santana & Styve 2017). Esta é uma forma de olhar para as relações de poder, inclusão e exclusão e criação de riqueza e pobreza. Neste caso, pode ser útil olhar para o comércio em linha em termos de fluxos, centros e periferias; para onde o dinheiro flui e onde estão os centros. De acordo com alguns dos corretores entrevistados, cerca de 95% dos clientes perdem dinheiro no comércio eletrónico. Podemos perguntar-nos para onde vai o dinheiro e de onde vem? Para quem e para quê? O que é que financiam? O que é que ele cria no mundo? Quais são as principais vias para os fluxos de dinheiro? Os fluxos de comunicação também podem ser diferentes, podem ser unidireccionais ou mútuos. Foram registados exemplos de ambos os tipos de comunicação. Nalguns casos, as empresas controlavam completamente a comunicação e desapareciam quando lhes convinha. No entanto, também foram registados bons exemplos, em que a relação era mais igualitária, em que o corretor era fiável e estava disposto a ajudar. Isto mostra que as tecnologias digitais podem ser utilizadas de formas muito diferentes, quer controladas para tirar partido de alguém, quer proporcionando novas formas de trabalho que permitem diferentes possibilidades.

Controlo, levantamento e depósito de dinheiro

Quando se trata de empresas fraudulentas, os problemas surgem quando é solicitado o levantamento do dinheiro. O dinheiro fica retido na conta, com referências a vários termos e condições. Muitas vezes, são solicitados depósitos adicionais de dinheiro. Tanto nas empresas regulamentadas como nas não regulamentadas, também pode haver uma sugestão inicial para depositar um montante mínimo (que normalmente é de 250 USD), mas depois argumenta-se que, para poderem trabalhar ativamente com o cliente, este tem de depositar uma quantia maior. Isto pode ser visto como marketing enganador e parte de uma estratégia para obter clientes. No entanto, há também exemplos de corretores que trabalham com clientes que apenas depositam pequenos montantes. Isto pode depender de diferentes modelos de negócio e da forma como é gerado o lucro para os corretores e para a empresa. Alguns aceitam uma percentagem como comissão, enquanto outros se baseiam no número de posições de negociação abertas. Esta abordagem foi aplicada num dos exemplos de experiências de negociação e foi muito diferente das outras, uma vez que não criou tanto stress. Em vez de pedir investimentos elevados, foram promovidas actividades frequentes, bem como uma ênfase na educação e na aprendizagem contínua, e o negócio baseou-se no empenho e no interesse pelo comércio, em vez de se preocupar com os lucros. Noutro exemplo, a ganância parecia estar incorporada no modelo de negócio e nada parecia ser suficiente, exigindo frequentemente mais investimentos. Neste caso, a gestão do risco também estava completamente ausente.

Nos casos em que o dinheiro foi perdido, os "departamentos de recuperação" apresentam muitas vezes oportunidades para recuperar o dinheiro, quando na realidade se trata de um novo depósito de dinheiro e de mais transacções. Em alguns casos, trata-se de uma forma de obter mais dinheiro de um cliente e, depois disso, as pessoas podem ser contactadas por pessoas que se apresentam como advogados e que tentarão recuperar o dinheiro dos clientes. Os que se dizem advogados pedem um mandado e que o cliente se registe como comerciante junto deles. Davam a entender que teriam então o direito de se dirigir à empresa onde o cliente tinha perdido o dinheiro e de aceder aos registos, que poderiam utilizar em tribunal. A motivação para a prestação deste serviço prendia-se com o facto de considerarem que se tratava de uma forma escandalosa de as empresas se comportarem e de quererem criar uma relação a longo prazo com potenciais clientes. Os funcionários das autoridades alertaram para o facto de este tipo de serviços também estar envolvido em fraudes. Recentemente, os corretores dos "departamentos de recuperação" têm feito várias sugestões. Um exemplo baseava-se em acordos ou contratos formais, em que um corretor negoceia em nome do cliente, especificando explicitamente determinados níveis de risco e uma comissão acordada. É difícil avaliar se se trata realmente de uma oferta séria ou apenas de mais uma atividade fraudulenta. Do ponto de vista do cliente, é difícil compreender de que forma os registos e acordos fornecidos estão relacionados com os regulamentos oficiais. Se não estiverem, não podem ser utilizados para reivindicar quaisquer direitos. Nenhuma destas opções foi experimentada e, por isso, não posso dar exemplos.

Num caso, o dinheiro "desapareceu" quando foi transferido e não foi possível localizá-lo durante mais de um mês. O que realça a importância da rastreabilidade, especialmente porque havia vários actores envolvidos. Não se tratou apenas de uma transação entre bancos emissores e receptores, mas a transação passou por um terceiro banco, envolvendo várias pessoas em diferentes locais. Mostrou também a importância das condições relativas a quem deve ser responsabilizado, caso contrário, as partes envolvidas podem facilmente argumentar que a responsabilidade é de outra pessoa, e será o utilizador/cliente/cidadão a sofrer as consequências. Depois disso, foram introduzidas novas rotinas no banco que exigiam mais informações sobre as transacções.

Os procedimentos de levantamento de dinheiro parecem ser diferentes. Nalguns casos, tem de ser aprovado pelos corretores, enquanto noutros casos se afirma que funciona como um banco online, onde o cliente controla a sua conta. Nos casos em que existe um contacto direto com um corretor executivo, o procedimento é rápido, enquanto nos casos em que os corretores não têm a mesma autoridade, demora mais tempo. Assim, existem "núcleos e periferias" nas empresas e também nos processos, o que, por sua vez, afecta as diferentes possibilidades de tomada de decisões e de aprovação, que se expressam em termos de tempo.

O papel da informação

A informação é de importância fulcral no comércio em linha e pode ter um impacto direto no resultado das transacções e, consequentemente, no ganho ou perda de dinheiro. A exatidão e a autenticidade da informação também são cruciais, ou seja, é preciso confiar na informação e saber a sua antiguidade, e ter acesso à informação certa no momento certo, uma vez que o timing é muito importante. Abrir e fechar posições no momento certo é fundamental para o sucesso. Alguns corretores também referiram que existe uma grande quantidade de informação para processar, o que, combinado com a velocidade do mercado, pode criar elevados níveis de stress. O comércio em linha é um domínio muito sensível e de informação intensiva.

O acesso à informação significa uma vantagem de mercado e, segundo um corretor, a boa informação pode ser muito cara. Ele comprou uma análise que sabia ser boa; foi um investimento, pois contribuiu para melhores resultados. A empresa colabora com pessoas de todo o mundo que efectuam análises e fornecem os melhores sinais. Os bons sinais são um investimento, tudo custa dinheiro e, para obter o que se pretende, custa muito dinheiro. A informação é muito cara, mas a recompensa são os melhores resultados nas transacções, por isso ele constrói constantemente as suas contas e as dos seus clientes em conjunto com os clientes. A empresa dispõe também de analistas internos, que comparam as análises de outras pessoas com as suas próprias análises e fazem avaliações. O fornecimento de informações exactas e fiáveis que conduzam a bons resultados contribui também para criar confiança junto dos clientes. A análise baseia-se no acesso à informação e constitui a base das decisões sobre as posições de negociação a abrir. Vários dos corretores entrevistados tinham analistas na sua empresa. A análise técnica baseia-se em estatísticas, em que os registos dos movimentos passados do mercado são utilizados para prever as tendências futuras. As notícias são usadas na análise fundamental; alguns corretores mencionaram que têm contacto direto com algumas empresas como fonte em primeira mão, e alguns compram análises e/ou sinais de empresas especializadas nessa área. Algumas empresas têm acesso à Central de Negociação, que fornece análise técnica. Trata-se de um sistema com informação em tempo real, apenas acessível nesse sistema. O sistema fornece informações actualizadas mais rapidamente do que muitas outras fontes, o que permite reagir mais rapidamente no mercado. Os grandes bancos e algumas empresas têm acesso a este sistema.

Na economia digital, o dinheiro é representado por informação. O valor dos fundos é basicamente o número de informações. A informação tem assim um valor económico direto e quaisquer deficiências afectam o valor dos fundos. Como no exemplo em que o dinheiro desapareceu durante uma transferência, a informação sobre a transferência não foi para o local certo, para o ator certo, no momento certo. De certa forma, pode dizer-se que o dinheiro é informação e que a informação é dinheiro. A gestão do dinheiro é, em grande medida, uma gestão da informação, e a gestão da informação é uma gestão de activos com valor económico. De acordo com um dos corretores entrevistados, a gestão da informação, bem como os processos de negócio, são importantes para criar confiança junto dos clientes. Se a empresa for bem gerida, ele também confia na informação. Por exemplo, têm reuniões regulares e as informações dos clientes são geridas diretamente na empresa, que trata de qualquer problema que surja.

Também têm um departamento de controlo de qualidade que tem um processo para lidar com as reclamações. A sua experiência sobre a forma como a empresa gere as coisas cria confiança, também na informação. Um dos outros corretores considerou que fornecer boas informações aos clientes é vital para criar confiança.

De acordo com alguns corretores, há empresas que não estão a negociar no mercado real, mas sim num mercado virtual. Se a transação for perdida, o dinheiro vai para a empresa e não para o mercado. Um dos entrevistados argumentou que os EUA têm regulamentações de mercado mais rigorosas do que a UE, e acredita que estão mais preocupados com os seus cidadãos. Afirma que, primeiro, a empresa decide se o cliente vai estar no mercado real, depois o banco a que recorre toma uma decisão, e continua dizendo que manipulam bastante o mercado. Considera que todo o mercado é uma fraude, que é manipulado a um nível elevado para que as pessoas normais percam dinheiro para os grandes bancos. É um sistema fechado; há sempre alguém que perde dinheiro se outro tiver lucro. Segundo Beck (2000), existe uma economia virtual em evolução, que implica também novos riscos especulativos. A Internet oferece possibilidades de negócio e de interação, mas também riscos. Em experiências de empresas fraudulentas, quando não respondem a pedidos de comunicação, as pessoas podem desaparecer de repente, ou simplesmente não responder, tornando-se uma realidade virtual que não está ligada a nada, mas sim a uma espécie de terra das sombras. Onde se pode começar a questionar se as pessoas são realmente reais. As questões sobre manipulação são uma questão de autenticidade, fiabilidade, exatidão e integridade da informação - bem como das pessoas. A autenticidade inclui informação sobre a verdadeira identidade de alguém, o que é um verdadeiro desafio no ambiente em linha. Existem problemas de desinformação e desinformação, em que a desinformação pode ser entendida como uma informação incorrecta por engano, enquanto a desinformação é incorrecta por intenção, a fim de espalhar a confusão (Duranti, 2017).

Dados pessoais

As informações sobre os clientes são um ativo muito valioso que é comercializado e utilizado no marketing. As informações dos clientes podem ser registadas de diferentes formas, por exemplo, se uma pessoa visitar um sítio Web ou se alguém deixar os seus dados nas redes sociais ou em diferentes aplicações. Existem também serviços onde se pode comprar informações muito precisas, para obter determinados segmentos de uma população. Muitas vezes, os dados podem ser recolhidos sem o conhecimento de uma pessoa. De acordo com um dos entrevistados, a questão crítica em termos de gestão de dados pessoais não é quando um cliente tem uma conta numa corretora, uma vez que esta é regulamentada, mas existe um mercado para o comércio de dados pessoais. As aplicações nos telemóveis recolhem muitos dados: a localização de uma pessoa, o que compra, onde gasta o dinheiro, a idade, as aplicações que utiliza, as impressões digitais, o reconhecimento facial e muito mais.

São criadas e vendidas compilações de informações com grupos-alvo de potenciais clientes. Por conseguinte, também é importante ter em conta a confiança no fornecedor de serviços telefónicos. Um dos corretores afirmou que o meu número de telefone tinha solicitado uma chamada deles, mas não sabia exatamente como isso funcionava. As formas possíveis são um cliente registar interesse num sítio Web ou um cliente ter perdido dinheiro, o que significaria que a informação poderia ser encontrada no departamento de recuperação. Uma coisa é certa: as informações sobre os indivíduos são geridas à escala global para fins comerciais fora do controlo da pessoa em questão. O que levanta questões relacionadas com as relações de poder e a ética, bem como a consciencialização das pessoas sobre o ambiente digital e a forma como os dados são geridos. A informação pode ser considerada um ativo de pagamento, algo que uma pessoa pode fornecer em troca de algo, como um serviço ou o acesso a algo. O pagamento com informação é também algo que está a ser discutido na UE, de acordo com um membro do Parlamento Europeu, mas é muito difícil de legislar.

Para poder negociar, um cliente tem de fornecer determinados registos: prova de identidade, fatura de serviços públicos com comprovativo de morada, dados do cartão de crédito e um registo assinado do montante depositado. Nas empresas regulamentadas, as chamadas telefónicas são gravadas para efeitos de supervisão. Na maior parte das vezes, o cliente não recebe qualquer registo assinado. Em vez disso, os termos e condições estão disponíveis no sítio Web. Num caso, havia um procedimento em que os documentos eram assinados, mas quando o corretor desapareceu e ninguém quis tratar do assunto, os registos não eram válidos, uma vez que não tinham qualquer ligação a um quadro regulamentar. Deixar os dados do cartão de crédito às empresas pode ser um risco, uma vez que as empresas fraudulentas podem tentar efetuar levantamentos. Num exemplo, um robô na China tentou efetuar levantamentos do cartão de crédito, que afinal tinha os mesmos dados da empresa onde tinham sido feitos depósitos recentemente.

Considerações e conversas sobre o desenvolvimento tecnológico?

A forma como a tecnologia é concebida afecta as condições de interação, algo que é muito claro no exemplo do comércio em linha. A tecnologia tem um impacto direto na interação e colaboração entre indivíduos, mas também altera as estruturas das sociedades. Como Castells (2000) refere, o desenvolvimento tecnológico está no centro do desenvolvimento da globalização, do capitalismo e da formação de novas estruturas sociais. Com os processos de produção centrados no desenvolvimento de diferentes serviços e produtos de informação, a entrada de informação barata é fundamental. Existe uma tensão entre estes impulsos e a defesa da integridade pessoal, bem como a formação de personalidades, identidades e valores sociais, que são moldados no ambiente digital e afectados pela forma como os sistemas de TI e as estruturas de informação e comunicação são concebidos. Este aspeto também é discutido na literatura sobre a participação dos utilizadores, em que um desafio mencionado é o facto de as TI promoverem frequentemente um ideal consumista. No entanto, também permite novos tipos de relações entre o utilizador e o produtor, em que o utilizador tem um papel mais ativo (Beck, 2002; Sanders & Stappers, 2008). Existem também diferenças culturais na conceção. Por exemplo, a tradição escandinava de design participativo, que promove valores democráticos, foi comparada com uma tradição dominante nos EUA, que tende a centrar-se nos conhecimentos tecnológicos, impulsionada por fortes interesses de mercado (Gregory, 2003). O design de TI é também destacado como uma prática que pode permitir padrões mais sustentáveis no futuro (Willis, 2015; Willis, 2014). O desenvolvimento tecnológico é muito rápido, ao contrário do desenvolvimento político. Nas palavras de um representante político, "a tecnologia vence a política", mas a política pode definir a agenda, mostrar a direção e trazer questões para o debate público.

É importante melhorar os meios de transparência e considerar continuamente os valores que impulsionam o desenvolvimento tecnológico no domínio financeiro, que está incorporado nos sistemas e serviços prestados aos clientes, incluindo a manutenção de registos e os processos de comunicação. As tecnologias da informação criam possibilidades que ultrapassam as fronteiras geográficas, os prazos regulares e as estruturas hierárquicas tradicionais. Os clientes não têm de passar pelos bancos normais para negociar no mercado financeiro; podem aceder diretamente ao mercado. A tecnologia altera as relações hierárquicas tradicionais de poder, mas podem surgir e ser instituídos novos padrões de poder e de aproveitamento das pessoas na conceção tecnológica. A tecnologia também aumenta a velocidade e alarga as possibilidades de lucro e de perda e aumenta o nível de risco. Pode ser utilizada para dar poder às pessoas, mas também para instituir mais controlo e dominação. Neste contexto, são relevantes as questões relativas aos registos que são criados e geridos: que actividades são documentadas, quem tem acesso aos documentos, a ligação aos quadros regulamentares e que meios de responsabilização existem para apoiar os direitos das diferentes partes interessadas, com especial ênfase na proteção dos indivíduos numa posição vulnerável. A tecnologia não é boa nem má, nem neutra. Depende da forma como é concebida e utilizada (Castells, 2000). Além disso, pode haver problemas nos sistemas informáticos que afectam as transacções de um cliente. Informações imprecisas, gráficos que não estão actualizados e funções que não funcionam são exemplos de coisas que não funcionaram como deviam e que afectaram o resultado.

De acordo com Beck (1992), o desenvolvimento tecnológico não tem sido discutido politicamente ou no âmbito democrático e, por conseguinte, não tem sido objeto de consideração em diferentes direcções, apesar de afetar grandemente o futuro. Tal como o poder político se deslocou dos locais oficiais para os domínios privados e corporativos, os negócios e as actividades tecnoeconómicas têm sido considerados assuntos privados. Mas como o poder e o capital estão cada vez mais concentrados no domínio privado a nível global, já não podem ser considerados assuntos privados, uma vez que afectam muitas pessoas, sociedades e o ambiente. Beck (1992) argumenta que as maiores empresas têm conseguido desligar-se das preocupações sociais e democráticas, evitando os governos e as regras que se aplicam aos outros, ficando fora do alcance da responsabilidade e da prestação de contas. Numa época em que a política é talvez mais necessária do que nunca, existe o risco de os actores políticos ficarem com responsabilidades, mas com pouco espaço de manobra. Num processo de individualização, em que as dependências estão em grande medida ligadas ao mercado, a política pode assumir um papel ativo para apoiar os direitos dos indivíduos e representar uma perspetiva cidadã e o bem público. A esfera económica global pode ser melhorada em termos de transparência, responsabilidade e termos e condições mais claros, o que tem de ser discutido em termos da forma como o poder se exerce, para não acabarmos num regime corporativo global. Se olharmos para algumas das maiores empresas actuais, muitas delas estão, de alguma forma, relacionadas com as TIC. Estas podem também prestar cada vez mais serviços aos cidadãos com base em dados públicos. A digitalização esbate a fronteira entre assuntos privados e públicos, e a prestação de serviços, a atribuição de informações e a circulação de responsabilidades têm de ser analisadas. As questões relativas ao aumento das desigualdades, aos discursos e às relações de poder no desenvolvimento das TI, aos interesses do mercado e aos mecanismos relacionados com o mercado financeiro devem ser abordadas e discutidas abertamente, juntamente com as questões relativas à responsabilidade, à prestação de contas e à transparência.

Poderá ser necessário um contrato social global, que inclua responsabilidades e não apenas possibilidades. As pessoas tendem a querer as possibilidades, mas não as responsabilidades ou as consequências das suas escolhas - ou da ausência de escolhas. No entanto, existem desigualdades e relações de poder que discriminam e afectam as pessoas de forma abusiva, e é por isso que precisamos de uma infraestrutura onde as pessoas e as empresas possam levar a cabo as suas vidas e negócios de uma forma que apoie a equidade. Neste contexto, a gestão da informação é importante. O que pode ser feito para promover um ambiente informativo transparente que apoie a responsabilização e a fiabilidade a nível mundial? Que não reforce as estruturas desiguais que apoiam a concentração da informação, do capital e do controlo dos fluxos de informação? Questões como estas têm sido uma preocupação dos arquivos e da ciência da informação desde há muito tempo, mas têm agora de ser reconsideradas no contexto globalizado em linha.

Língua e atitudes

Para além das estruturas de comunicação e dos processos empresariais, a conceção das TI influencia, molda e institui relações de poder, comportamentos na comunicação, cria papéis e relações de poder. A comunicação é também o que inicia e mantém as relações comerciais, nas quais a confiança parece ter um papel importante. A confiança é um requisito para que uma pessoa invista dinheiro. Ao mesmo tempo, a pessoa coloca-se numa posição vulnerável; depositar confiança em alguém é também, de certa forma, dar poder e controlo a essa pessoa. Muita da comunicação parece ter como objetivo criar um sentimento de confiança com o cliente, mas também pode ser mais agressiva e baseada no aumento do medo e da cobiça dos clientes, para além de poder ser usada manipulação. No entanto, alguns são muito profissionais, a sua abordagem consiste em fornecer informações e dar ao cliente espaço para tomar uma decisão. Embora as abordagens variem, a confiança é sempre um tema central, por vezes utilizada para criar algo de bom em conjunto e, por vezes, para tirar partido da posição vulnerável de outra pessoa. A comunicação também expressa e molda diferentes discursos e relações de poder; alguns dos padrões identificados são descritos abaixo.

Quando um cliente recebe uma chamada telefónica, é frequente fazer-lhe uma série de perguntas, tais como qual é o seu salário, se gostaria de ter um rendimento extra e, em caso afirmativo, quanto, quais são as suas expectativas e interesses e como gostaria de trabalhar. De acordo com um corretor, todos os clientes são diferentes e têm diferentes pressupostos e compromissos. Alguns estão interessados em domínios específicos, enquanto outros estão mais dispostos a ouvir sugestões. Algumas pessoas querem estar muito envolvidas e saber tudo, enquanto outras não querem. Com base nesta informação, elaboram um plano de negociação. Um dos corretores referiu que não espera nada dos clientes; está lá apenas para os ajudar. É diferente com clientes diferentes, mas tudo se baseia numa relação profissional. Afirmou que 90% dos clientes estão lá apenas para ganhar dinheiro. Há também alguns que têm uma ideia do que querem negociar, relacionada com uma área específica, como empresas tecnológicas, certas mercadorias, etc. Há aqueles que seguem as emoções ou os sentidos, enquanto outros são mais racionais. O corretor diz que se não trabalhasse para os clientes para os ajudar a ganhar dinheiro, não teria emprego.

Os potenciais clientes recebem frequentemente um telefonema de uma empresa de marketing ou de alguém que os apresenta; ajudam a pessoa a criar uma conta e depois passam-na para um corretor sénior que fornece informações mais pormenorizadas sobre o mercado e as oportunidades reais. É comum que se apresentem dizendo que notaram que a pessoa demonstrou interesse no mercado financeiro e perguntam ao cliente se tem alguma experiência. Muitos corretores parecem assumir que os clientes tiveram uma má experiência, que encontraram empresas fraudulentas, argumentando que essa má experiência resultou do facto de as pessoas não serem profissionais. Isto pode ser um indicador da dimensão do problema.

Muitos dos autores das chamadas apresentam-se dizendo que gostariam de apresentar oportunidades no mercado financeiro. O mais comum é começarem por dizer que estão a ligar de Londres, fornecendo informações sobre o mercado financeiro. É frequente ter de perguntar o nome e o nome da empresa, o que é um pouco anónimo. A maioria das pessoas quer saber com quem está a falar antes de iniciar uma conversa. Trata-se de uma questão de identidade, que faz parte do que será discutido mais adiante como autenticidade. Alguns corretores, ou consultores financeiros, trabalham de forma independente.

O que eles sublinham como uma razão para quererem o melhor para os clientes.

Alguém mencionou que as pessoas não confiam nos corretores, por isso a palavra está fora dos limites. Muitos corretores de empresas de forex apontam as empresas de opções binárias como empresas fraudulentas, pois o que fazem é mais parecido com apostas do que com transacções e, neste contexto, sublinham o seu profissionalismo por comparação. Alguns também distinguem entre corretores que trabalham para os clientes e corretores que trabalham contra os clientes, e utilizam este facto para se distinguirem dos "maus". Esta é também uma indicação dos problemas existentes e das diferenças entre os diferentes actores. É também claro que esta má reputação é algo que os corretores profissionais tentam ultrapassar de diferentes formas, para provar que são diferentes daqueles que se aproveitam das pessoas.

Muitos corretores são bastante pessoais, é comum, por exemplo, serem chamados de queridos. A intenção parece ser a de criar uma relação pessoal, em que se preocupam com o cliente enquanto pessoa, os seus desejos e a sua situação pessoal. Alguns corretores falam abertamente sobre a sua família, as suas relações e a sua experiência de vida, enquanto outros se limitam a assuntos relacionados com a atividade. Há, no entanto, uma tendência e uma razão para tentar criar relações mais pessoais.

É difícil saber em quem confiar, pois há muitas pessoas que não estão a ser honestas; as suas acções e palavras parecem ser contraditórias. Parece haver muitas empresas fraudulentas e pessoas que não hesitam em dizer uma mentira, o que é facilitado pelo ambiente em linha, onde as pessoas não se encontram pessoalmente. O mentiroso não tem de enfrentar a outra pessoa, mas pode simplesmente desaparecer. Tal como a mentira parece ser uma caraterística comum, a manipulação também parece ser bastante comum. Criar relações pessoais pode ser algo de bom, mas também um risco em que as pessoas podem ser aproveitadas. Há quem comece por criar uma relação para fazer com que os clientes confiem em si, e depois aproveita-se disso. Falam frequentemente do valor da confiança, utilizando uma linguagem e atitudes que criam o *sentimento* de confiança, o que coloca as pessoas numa situação vulnerável. De acordo com um dos inquiridos, alguns corretores podem transmitir uma energia capaz de manipular as pessoas para fazerem determinadas escolhas.

Outros são mais "sérios", lógicos, ressonantes, apresentam gráficos e estatísticas, não são emocionais e estratégicos e não envolvem assuntos pessoais. Um padrão geral parece ser o facto de a relação entre corretor e cliente ser mais informal, pessoal e horizontal. Pelo menos, é essa a intenção e a abordagem. Embora na prática existam hierarquias, o aspeto é diferente. As hierarquias podem, por exemplo, estar relacionadas com o controlo (do dinheiro, da comunicação e da informação), o acesso à informação e a vantagem em termos de conhecimento.

Muitos corretores destacam a sua experiência no mercado financeiro e têm uma abordagem muito confiante do que fazem, com uma atitude que diz "se o cliente seguir os seus conselhos, tudo correrá bem"; o cliente pode confiar neles e eles estão do lado do cliente. Dão a impressão de que protegerão o cliente de todos os perigos do mercado, que lhe "darão a mão" e que o cliente não tem de se preocupar; eles tratarão de qualquer perigo e mostrarão ao cliente como o fazer. Enquanto outros são mais pragmáticos, prestando serviços de educação e ajudando a reforçar a auto-confiança de uma pessoa, para a tornar capaz de fazer as coisas por si própria. Isto pode ser considerado como uma forma de proporcionar "segurança" no contexto do mercado e um desvio das diferentes relações de confiança; para desenvolver a confiança de uma pessoa em si própria, ou para que o cliente confie em alguém profissional.

Os corretores que telefonam a um potencial cliente parecem muitas vezes esperar que este invista com eles, se conseguirem convencer a pessoa de que são dignos de confiança e que a transação é lucrativa. As decisões são muitas vezes tomadas de forma rápida e imediata, sem tempo para refletir. Muitos corretores parecem ficar aborrecidos se não houver interesse. Uma pergunta comum é "o que é que o impede?", como se fosse uma questão de querer dinheiro ou não, de coragem ou medo, ao mesmo tempo que se comportam como se a falta de interesse tivesse algo a ver com a sua pessoa. O trading é muitas vezes apresentado como algo fácil, uma questão de educação e de seguir bons sinais. A ideia de que um cliente deve simplesmente fazer investimentos com um estranho ao telefone, sem muito tempo para considerar a oportunidade, não parece ser questionada. Podemos interrogar-nos se esta é uma atitude que leva as pessoas a investir, ou se a sua experiência é a de que obtêm sempre lucro. Na investigação sobre digitalização e conceção de TI, foram discutidas as percepções dos utilizadores. Um ponto de vista é que os utilizadores são considerados estúpidos e não compreendem o funcionamento do sistema. A verdade é que os sistemas não são bem orientados para o utilizador ou centrados no ser humano; são concebidos de um ponto de vista técnico especializado. A minha opinião pessoal, no caso do comércio em linha, é que este ponto de vista é por vezes expresso. Alguns corretores tendem a considerar as pessoas que demonstram desinteresse por esta atividade como desinformadas, incapazes de compreender as suas vantagens, o que também se aplica às pessoas com poucos fundos. Estas pessoas tendem a ser consideradas simplesmente como estúpidas.

O que se pode identificar nas conversas é que há "questões" estruturais e pessoais em jogo, em que as relações pessoais e a criação de laços podem contribuir para uma boa colaboração, mas também desencadear a tendência das pessoas para escolherem coisas com base em ligações emocionais. Mecanismos interpessoais de controlo e manipulação através de sentimentos e emoções parecem estar em jogo, intencionalmente ou não, bem como diferentes tipos de julgamentos. Algumas pessoas são da opinião que negociar no mercado financeiro é a única forma de ganhar dinheiro, e apresentam-no como uma escolha para melhorar a sua vida ou permanecer limitado em termos de estilo de vida, apesar de ter todas as possibilidades do mundo. Outros, no entanto, consideram que se trata de proporcionar às pessoas oportunidades, que elas podem escolher livremente. Acreditam que se trata de uma escolha e não lhe atribuem qualquer valor. A algumas pessoas convém, a outras não. Como cliente, deparar-se-á com uma série de atitudes, juízos de valor e comportamentos.

Existem muitas expectativas, tanto do lado do cliente como do lado do corretor. Este facto é suscetível de levar as pessoas a escolherem coisas que nem sempre conduzem aos melhores resultados. Operar com o objetivo de criar em vez de competir é uma abordagem mais benéfica na maioria dos casos. A concorrência obriga as pessoas a pressionar, a caçar e a prender clientes, ao passo que os casos em que a criação é a força motriz, em que o corretor procura criar algo com um cliente, são muito mais agradáveis e causam menos stress. O stress é um fator que pode levar a decisões pouco sensatas. Reflectindo sobre as diferentes experiências, é evidente que, quando a atenção não está centrada na quantia de dinheiro, mas sim no processo e na inspiração, a experiência é mais divertida, mais prolongada e conduz a uma melhor relação entre o corretor e o cliente.

A linguagem e a comunicação têm um papel crucial na formação e instituição da perceção das realidades, através de processos de partilha de significados de experiências e realidades (Lindblad-Gidlund, 2005). Por exemplo, isto pode significar que as conversas reflexivas contínuas sobre as experiências desempenham um papel importante no desenvolvimento da consciência e na melhoria. Neste caso, as expectativas em relação ao dinheiro e à vida são centrais. Também pode ser utilizado para a dominação, uma determinada forma de ver a realidade, em que uma parte pode influenciar a outra e a sua visão do que é considerado normal e valioso. A relação é construída com base em quem define a realidade. A forma como a informação é expressa e comunicada cria relações de dominação e poder e pode influenciar as acções das pessoas.

O que é comum atualmente é que muitas empresas apelam e oferecem educação, argumentando que o fracasso dos comerciantes significa que eles precisam de educação. De facto, é uma forma de aumentar a competência dos clientes, mas é também um meio de propaganda (Ellul, 1973) e de formação de sujeitos financeiros (Hall, 2018). Os clientes são frequentemente acusados de serem emocionais, irracionais, gananciosos, receosos e particularmente estúpidos. Se apenas adquirirem os conhecimentos corretos, serão bem sucedidos. É importante lembrar que todos os conhecimentos têm uma base ideológica e valores, e os temas que são criados afectarão a pessoa em questão.

Formas de fazer com que as pessoas invistam dinheiro

Os corretores utilizam formas diferentes para promover os investimentos dos clientes. Como já foi referido, os corretores e as empresas têm abordagens diferentes. Alguns pretendem fornecer informações que permitam aos potenciais clientes tomar decisões informadas, enquanto outros têm uma abordagem mais agressiva e insistente, e alguns utilizam diferentes tipos de manipulação - não intencional ou intencionalmente. Alguns estimulam a excitação das pessoas em relação ao dinheiro, ao medo e à ganância e aumentam o stress em torno das oportunidades, fazendo parecer que é agora ou nunca, que é uma oportunidade única na vida. Fazem parecer que estas oportunidades são raras e únicas, o que pode criar um sentimento de medo de perder oportunidades e amplificar a ganância.

Muitas empresas utilizam sistemas de bónus, que muitas vezes têm condições e regras sobre levantamentos. No caso das empresas fraudulentas, esta parece ser uma forma comum de impossibilitar o cliente de levantar dinheiro. Há, no entanto, outras que o utilizam de uma forma que pode beneficiar o cliente. Alguns utilizam transacções sem risco, o que significa que, se a transação for perdida, a empresa compensará o cliente e este não perderá dinheiro. A maioria dos corretores fala das oportunidades e das grandes quantias de dinheiro que se materializarão para o cliente se este seguir os seus conselhos. No entanto, os regulamentos relativos à informação dos clientes sobre os riscos têm sido mais rigorosos. Várias empresas fornecem formação e, devido ao baixo nível de confiança, alguns corretores afirmam que aquilo que costumavam cobrar têm agora de fornecer gratuitamente para conseguirem clientes. Algumas pessoas mostram gráficos e entram em discussões técnicas, mostrando como o mercado se moveu para um determinado ativo, e falam de uma oportunidade real no mercado. Muitas vezes voltam a telefonar para mostrar o que aconteceu, para provar que tinham "razão" e quanto dinheiro o potencial cliente poderia ter ganho. Esta é uma estratégia utilizada para provar que são fiáveis e dignos de confiança. Também pode ser uma forma de conhecer o modo de pensar e de trabalhar do corretor, o que pode contribuir para criar confiança, dependendo da forma como é feito. Alguns corretores fazem-no para mostrar como trabalham, enquanto outros o utilizam para culpar os clientes de fazerem más escolhas e não aproveitarem as oportunidades, a fim de pressionar os investimentos.

Bancos, clientes, profissionalismo e pós-modernidade

Muitos corretores afirmam que uma das razões para negociar online é o facto de os bancos não oferecerem boas condições aos clientes, mas utilizarem o seu dinheiro para obterem lucros para si próprios. Que já não vale a pena poupar dinheiro no banco, uma vez que uma conta poupança não passa de um custo para o aforrador. Vários corretores apresentaram o comércio como uma alternativa ao sistema bancário. Argumentam que, mesmo que não se negoceie, se apenas se mantiver o dinheiro numa conta de negociação, é mais vantajoso do que uma conta poupança num banco. Referem-se ao facto de muitos bancos terem introduzido taxas de juro negativas, o que significa que o cliente tem de pagar pelo dinheiro que deposita no banco, para além das comissões e taxas. No comércio online, o cliente recebe o lucro da transação, menos a comissão ao corretor. Desta forma, segundo os corretores, o cliente tem mais controlo sobre o seu capital e fica com a maior parte do lucro (uma afirmação que talvez deva ser questionada). É comum que aqueles que trabalham no comércio online procurem mais independência dos bancos regulares. Ao mesmo tempo, dependem de um banco para fornecer capital. Com as moedas digitais isso é diferente e a economia pode ser efectuada completamente fora do sistema regular. O declínio da confiança nas autoridades e instituições nos países ocidentais é frequentemente reconhecido como parte dos valores pós-modernos. No entanto, esta questão também deve ser abordada de um ponto de vista crítico e reflexivo, bem como quaisquer outras correntes ideológicas. O desenvolvimento que leva a que os indivíduos tenham de assumir uma maior responsabilidade pelas suas vidas e escolhas económicas, também molda as pessoas como sujeitos financeiros que devem ser activos na realização de investimentos, em vez de "aforradores passivos". Ao mesmo tempo, muitos são excluídos dos serviços financeiros e aqueles que, por exemplo, são classificados como "de alto risco" como mutuários obtêm uma taxa de juro mais elevada (Hall, 2018). O sistema promove aqueles que têm um grande capital e torna mais difícil para aqueles que não o têm. O que também leva as pessoas a optarem por alternativas mais arriscadas.

Outra caraterística da pós-modernidade é ir além da preocupação com a sobrevivência, para lutar por uma melhor qualidade de vida e de vida (Nye, 2001), onde o dinheiro é considerado central. Este facto é frequentemente mencionado em conversas com corretores, que falam de possibilidades de realizar sonhos, desejos e diferentes melhorias na vida, apresentando-o muitas vezes como uma possibilidade de rendimento adicional. A pós-modernidade exige novos valores, como base para uma nova comunhão e significados partilhados, o que é importante para manter as sociedades unidas. De acordo com Latham, "[uma] sociedade forte só pode resultar do reforço dos laços de confiança e mutualidade entre cada um dos seus cidadãos" (Latham, 2001, p. 27). A digitalização permite novas formas de comunicação e interação, e tem um papel central numa condição contextual para a formação de valores e normas, onde a Internet permite múltiplas comunidades e espaços para a geração de valores. Um padrão que tem sido reconhecido no ambiente em linha é o facto de, com o aumento das possibilidades de ganhar dinheiro, terem aumentado também as expectativas quanto às quantidades de dinheiro a ganhar, bem como as expectativas quanto à vida. Em diferentes anúncios publicitários, bem como em "gurus do estilo de vida" na Internet, é frequente ver expressões de estilos de vida flexíveis no que respeita à localização geográfica, aos horários de trabalho, bem como a uma grande riqueza. O que pode ser visto como expressão de um desejo de maior controlo sobre a vida e o trabalho, bem como a ideia de "boa vida". A luta pelo dinheiro pode ser vista como uma expressão disso mesmo, algo que está muito presente nas discussões com os corretores, que por sua vez se centram frequentemente em questões de desejos e possibilidades de melhorias, mobilidade e de fazer o que realmente se quer.

Muitos sítios Web de corretores afirmam que qualquer pessoa pode aprender a negociar como um profissional. Alguns corretores pretendem ensinar as pessoas a serem negociadores independentes, enquanto outros pensam que os corretores têm competências e conhecimentos que não são possíveis de adquirir num curto período de tempo e que é muito arriscado para as pessoas negociarem sozinhas. Em muitas conversas, foi salientada a importância do conhecimento e da educação; o cliente tem de saber o que está a fazer. Alguns referem também que continua a ser aconselhável negociar com um corretor, porque este faz análises e tem acesso a informação e experiência que as pessoas normais não têm. Um corretor argumentou que negociar e ser corretor é uma profissão que exige experiência e capacidades analíticas e matemáticas. Há pessoas que pensam que podem simplesmente entrar e negociar sem qualquer conhecimento, o que é um grande risco que faz com que as pessoas percam grandes somas de dinheiro. Também considera que muitas empresas têm campanhas de marketing bastante agressivas, o que não aprova. Para ele, os clientes têm de tomar as suas próprias decisões. Um dos corretores entrevistados disse que a sua empresa pode negociar para os clientes. Por exemplo, se um cliente perdeu grandes quantias de dinheiro, a empresa pode constituir um capital e depois negoceia em conjunto com o cliente para o ensinar como se faz. Como a empresa tem experiência, o resultado será melhor do que se o cliente estiver envolvido na transação. É uma forma rápida de recuperar o que o cliente perdeu.

Uma caraterística da pós-modernidade é o questionamento das autoridades e a redefinição dos papéis profissionais, o que também se reflecte no comércio em linha. Isto é expresso, por exemplo, em atitudes críticas em relação aos bancos, à forma como as relações comerciais são criadas e à partilha de conhecimentos profissionais com os clientes. O papel profissional está a tornar-se mais pessoal. No entanto, também é claro que o conhecimento profissional é crucial para o sucesso. Em vez de eliminar todas as profissões, acreditando que qualquer pessoa pode ser "como um profissional" num par de semanas, trata-se de redefinir os papéis e as relações. A relação entre profissionais e clientes também muda quando se permite que os clientes sejam mais activos e participem.

3. Confiança

"Amar a todos, confiar em poucos, não fazer mal a ninguém."

(William Shakespeare, Tudo está bem quando acaba bem")

O que tem sido um tema predominante no estudo do comércio em linha são as questões de confiança. Talvez seja possível falar de uma crise de confiança, em que muitas pessoas perderam muito dinheiro, bem como de confiança, que tem de ser reformulada no ambiente digital. Há uma ênfase constante na criação de confiança entre corretores e clientes, mas também é óbvio que esta pode ser mal utilizada como forma de tirar partido das pessoas. A confiança prejudicada criou uma situação de stress para muitas pessoas, bem como uma má reputação para a profissão (corretores). Esta última deve-se ao facto de os representantes desta profissão terem abusado da sua posição e das suas oportunidades para se aproveitarem da vulnerabilidade das pessoas.

Compreensão concetual da confiança

A confiança e a troca de informações são dois aspectos fundamentais para o funcionamento e o desenvolvimento das relações económicas. Neste contexto, a confiança pode ser explicada como uma vontade de aceitar um risco relacionado com a noção de fiabilidade, que se baseia frequentemente na previsibilidade, fiabilidade, honestidade, perícia e competência, ou benevolência, sob a forma de valores e cuidados partilhados (Lundberg, 2015). De acordo com o dicionário

Merriam-Webster, *a confiança* pode ser explicada como:

A) assegurado sobre o carácter, a capacidade, a força ou a verdade de alguém ou de alguma coisa. B) aquele em que se deposita confiança. C) dependência de algo futuro ou contingente[2]

A confiança pode ser considerada um mecanismo de gestão de perigos e riscos, que assenta na fé nos princípios e nas boas intenções dos outros. A confiança também pode incluir a fé na fiabilidade de um sistema ou de outra pessoa (Giddens, 1990). Pode ser vista como um mecanismo que permite a colaboração e a partilha de tarefas. Em vez de termos de fazer tudo sozinhos, podemos depositar confiança noutras pessoas, colaborar com elas e pedir-lhes que façam tarefas por nós. É uma forma de gerir coisas sobre as quais não temos conhecimentos, nem informação completa, nem competências. "Não haveria necessidade de confiar em alguém cujas actividades fossem continuamente visíveis e cujos processos de pensamento fossem transparentes, nem de confiar em qualquer sistema cujo funcionamento fosse totalmente conhecido e compreendido. (...) a condição principal dos requisitos para a confiança não é a falta de poder, mas a falta de informação completa" (Giddens, 1990, p. 33).

Duranti e Rogers (2011) defendem que a confiança pode ser considerada como uma relação entre partes; aqueles que depositam confiança (trusters) e aqueles em quem se confia (trustees). Destacam as caraterísticas de reputação, desempenho, confiança e competência como cruciais para criar confiança nas instituições arquivísticas, que também se aplicam aqui. *A reputação* diz respeito a uma avaliação das acções e da conduta passadas; *o desempenho* é a relação entre as acções e o cumprimento das responsabilidades; *a confiança* é a confiança nas acções e na conduta esperadas; e *a competência* refere-se aos conhecimentos, aptidões e talentos necessários numa determinada situação. A competência pode ser o aspeto mais crucial, subjacente aos outros elementos da confiança. Sem competência, o administrador não teria a capacidade de cumprir as suas responsabilidades. A educação tem um papel importante na aquisição de competências. A educação dos comerciantes é também uma das acções mais promovidas para melhorar uma situação.

Além disso, aspectos das caraterísticas psicológicas pessoais dos intervenientes, aspectos sociais e outros mecanismos contextuais garantem a fiabilidade a um nível sistémico, o que é importante para que uma pessoa confie nos processos. Trata-se, por exemplo, da legislação e das políticas, da conceção dos sistemas de TI e da forma como os registos são geridos, o que permite processos de responsabilização. A abordagem informática da manutenção de registos, que será discutida mais adiante, pode servir de quadro para a criação de fiabilidade, que inclui questões técnicas e socioculturais. Existe investigação sobre a confiança no ambiente em linha que deve ser tida em conta nesta discussão.

Neste contexto, tanto o dinheiro como os registos podem ser vistos como

[2] https://www.merriam-webster.com/dictionary/trust recebido em 2017-07-20

instrumentos para regular as relações entre as pessoas, tanto os compromissos como o que vai ser trocado, e que isso seja feito de uma forma fiável. Os registos também podem ser vistos como activos que substituem a confiança pessoal, mas também funcionam como um ingrediente na criação de um quadro que sustenta a fiabilidade e com o qual se podem fazer avaliações no que diz respeito à confiança. O dinheiro pode ser visto como uma ferramenta utilizada pelas pessoas para estabelecer acordos. Por exemplo, um ator presta um serviço a outro em troca de dinheiro. É uma forma de condicionar as trocas e a reciprocidade. A confiança é um processo mútuo, construído com base na "mutualidade de resposta e envolvimento" (Giddens, 1990, p. 114). Neste caso, pode dizer-se que o dinheiro, tal como os registos, são instrumentos que substituem a confiança pessoal e condicionam a reciprocidade e a mutualidade. Se se confiasse plenamente nos outros, não seriam necessários mecanismos como o dinheiro ou os registos. Se se confia em alguém, há a certeza de que se receberá algo em troca. Um investigador em história económica comentou que o dinheiro é o que se usa quando não se tem confiança. Ao mesmo tempo, os mecanismos de confiança são um requisito para que os sistemas económicos funcionem, e o dinheiro tem de ser de confiança para poder ser utilizado.

Em muitos casos, existe uma assimetria de informação, em que uma das partes tem uma vantagem em termos de informação, o que pode criar desconfiança e relações difíceis. Por conseguinte, o acesso a informações fiáveis é crucial para criar relações económicas fiáveis. A informação torna-se mais fiável se for assegurada por uma terceira parte imparcial (Lundberg, 2015). Embora existam profissões que fornecem pareceres especializados sobre a avaliação de propriedades, avaliações de contas, etc., os gestores de registos e os arquivistas desempenham há séculos o papel de terceiros imparciais que estabelecem e mantêm a fiabilidade da informação. Asseguram que a informação é gerida de forma a garantir que é autêntica, fiável e que não é manipulada, destruída ou acedida por quem não tem autorização. Asseguram que os processos de gestão da informação são realizados de forma fiável. O desenvolvimento digital está a mudar as relações económicas entre indivíduos, empresas e autoridades (Lundberg, 2015), o que também exige que os valores e qualidades relacionados com a fiabilidade sejam recriados em novos contextos. Parte dos problemas que observamos pode dever-se ao facto de estas questões não terem acompanhado o desenvolvimento das TIC, nem a velocidade a que se desenvolveram os novos serviços. À medida que novos processos e ambientes evoluem, surgem lacunas que obrigam as pessoas a fazer escolhas quanto à forma como querem atuar, em função das possibilidades disponíveis. Há quem se aproveite de situações em que pode beneficiar prejudicando os outros, e há quem faça escolhas baseadas noutros valores, que tem a integridade de fazer o que acha correto, mesmo que possa aproveitar a situação à custa dos outros. Uma parte importante dos processos de individualização, em que o poder é transferido para os indivíduos, é também o facto de haver mais escolhas a fazer. Ao mesmo tempo, temos de trabalhar em melhorias estruturais no ambiente digital que possam ajudar as pessoas a fazer escolhas que contribuam não só para si próprias, mas também para os outros.

Relacionados com os processos de criação de confiança nos outros estão os processos de formação de um sentimento interno de confiança em si próprio, que fornece uma base de auto-identidade estável, que tem a ver com o ser-no-mundo. Se a confiança básica não for desenvolvida, o resultado é uma ansiedade existencial persistente. "A antítese da confiança é, portanto, um estado de espírito que pode ser melhor resumido como angústia ou pavor existencial" (Giddens, 1990, p. 100).

Criação de confiança no comércio em linha

De acordo com vários corretores, o principal desafio no comércio online está relacionado com a confiança, ou melhor, com a falta de confiança que muitas pessoas demonstram. A razão para esta falta de confiança é o facto de haver corretores e empresas que enganam e se aproveitam das pessoas, fazendo-as perder não só o seu dinheiro, mas também o seu sentido de confiança - tanto em si próprias como nos outros. Se o cliente disser que não quer investir e negociar, muitos corretores perguntarão se é porque não confia neles. Fazem parecer que, se confiassem neles, investiria com eles. Farão quase tudo para convencer um potencial cliente de que são dignos de confiança. Devido aos desafios da confiança, muitos corretores tentam provar que são fiáveis, para criar um *sentimento* de confiança. É uma situação em que as pessoas fazem coisas para compensar a falta de mecanismos infra-estruturais e pessoais de confiança e responsabilização. Para que haja fiabilidade, tem de haver confiança a diferentes níveis: nas pessoas, nas empresas, nos processos, no ambiente técnico, na informação, a nível social, bem como nas pessoas a um nível pessoal básico. Há vários aspectos do ambiente em linha que põem em causa a confiança a cada nível, e parece que os corretores desenvolvem estratégias pessoais para compensar este facto, a fim de estabelecer a confiança com os clientes. A tecnologia também desempenha um papel importante neste contexto; por exemplo, a possibilidade de partilhar ecrãs de computador, o que permite ao cliente ver o ecrã do corretor e compreender as ferramentas que este utiliza. Muitos corretores referem que querem partilhar o seu ecrã para que o cliente possa ver com os seus próprios olhos, o que significa que é uma forma de o cliente avaliar a veracidade das afirmações do corretor. No entanto, isto não torna o corretor mais fiável; a informação pode ser falsa e/ou manipulada. O cliente verá apenas o que o corretor quer que ele veja. O mais importante é que esta é uma forma de partilhar conhecimentos profissionais com os clientes e facilitar a aprendizagem. Também cria um "espaço partilhado" em tempo real.

Os corretores entrevistados afirmam que a relação entre corretor e cliente é importante e que a confiança é construída ao longo do tempo. Um dos entrevistados referiu que a confiança é criada pela forma como o corretor trata o cliente, se houver lucro e se os sinais forem bons. É da responsabilidade do corretor dar sinais de negociação e é ele que tem as competências e as estratégias. Outro corretor referiu que a confiança é ainda mais importante do que o dinheiro.

Envolve amizade e desenvolve-se com o tempo. A forma de o fazer é começar em pequena escala e construir a partir daí. Um outro corretor argumentou que as pessoas não têm de confiar nele no início, mas podem experimentar. Ele nunca pediria a uma pessoa que investisse uma fortuna, como fazem muitos corretores, que pedem aos clientes que invistam tudo o que têm e até pedem dinheiro emprestado, por exemplo, utilizando o crédito dos seus cartões de crédito. Ele acredita que não existe uma relação com 100% de confiança no início, ela tem de ser construída. Há muitas empresas que arruínam a confiança, das quais muitas são empresas de opções binárias não regulamentadas, de acordo com vários corretores, e há uma grande diferença entre as empresas que são regulamentadas e as que não são. Mas mesmo entre as empresas regulamentadas há uma grande diferença em termos da forma como tratam os seus clientes. A regulamentação melhorou nos últimos anos, mas também houve comentários sobre a eficácia da regulamentação e o facto de ser um fardo pesado para as empresas mais pequenas. Os corretores consideram que é necessário melhorar a legislação, a regulamentação e a investigação sobre o assunto. Muitas empresas operam sem regulamentação e causam muitos danos. Quando a confiança é afetada, o trabalho das pessoas sérias torna-se bastante difícil. Alguns deles sublinharam que as relações com os clientes são profissionais, enquanto outros defendem que são pessoais; que é preciso estar na mesma frequência para nos entendermos. É comum criar uma relação pessoal e falar de coisas pessoais, além de negociar. Um dos corretores comentou que queria realmente conhecer os seus clientes, porque se preocupa com eles e é isso que o torna bem sucedido. Ele sabe o que é não ser rico e quer realmente dar uma oportunidade às pessoas. Ele acredita que a confiança se constrói fazendo do cliente o número um, independentemente do tamanho da sua conta.

Segundo outro dos corretores entrevistados, a confiança é vital para que os clientes decidam investir dinheiro. Se confiarem nele e nas suas capacidades, podem optar por investir. Para ele, há formas pragmáticas de saber em que direção se move o mercado; por exemplo, utilizando um calendário com detalhes de diferentes eventos, que indicará em que direção o mercado se move, ou seja, não é adivinhação. Para criar confiança, é importante que o corretor seja aberto e faça com que o cliente compreenda o que faz, que não se trata apenas de telefonar às pessoas e dizer-lhes que quer ganhar dinheiro. Também tem de fornecer resultados, responder a perguntas, explicar como as coisas funcionam e ajudar da melhor forma possível. Desta forma, ele também ganha dinheiro, uma vez que recebe uma comissão por cada transação. Um aspeto importante da criação de confiança é a apresentação de resultados, ou seja, ganhar dinheiro. A informação e a comunicação também são importantes para criar confiança e confiança mútua. Ele informa os seus clientes sobre o que sabe sobre o mercado e o que é importante nesse momento. Não negoceiam quando lhes apetece, mas estão atentos às grandes oportunidades. O mais importante para o cliente é conhecer a empresa com que está a trabalhar. Se confiar na empresa, confiará nela o seu dinheiro. A empresa onde ele trabalha negoceia no mercado financeiro há 25 anos. O facto de ter passado tanto tempo a negociar cria confiança por si só. A empresa tem experiência, é profissional, tem conhecimentos e credibilidade. Muitas empresas desaparecem e voltam com um nome diferente. É difícil encontrar empresas com mais de 3-4 anos de experiência. O seu conselho para os clientes é que descubram se a empresa é regulamentada, se fornece formação, se a informação que recebem é suficiente, se existe um plano de negociação e se as coisas são explicadas corretamente. É muito importante que o cliente saiba o que se está a passar. Um cliente deve negociar com uma empresa que mereça a sua confiança e que o possa ajudar a atingir os seus objectivos financeiros da forma correta. Diferentes empresas comerciais têm abordagens diferentes. Como cliente, pode encontrar informações sobre a empresa na Internet. Este corretor tem tido muitas conversas com clientes que tiveram más experiências. Há muita gente que não confia em ninguém e diz que "vocês são todos iguais". Ele fala diariamente com pessoas que perderam dinheiro, o que é um trabalho árduo. Considera que é muito importante explicar as coisas aos clientes para que compreendam o que estão a fazer; dedica tempo a explicar e a fazer com que as pessoas compreendam. Se as pessoas compreenderem, muitas vezes acompanham-no, com bons resultados. Defende que o comércio não é um jogo, não é um "sistema para ganhar dinheiro rapidamente".

A transparência também foi destacada como um fator importante na criação de confiança. Um dos corretores entrevistados comentou que a sua empresa estava a conversar com os reguladores para livrar o mercado de empresas fraudulentas. Cada país tem a sua própria regulamentação e supervisor financeiro, para além de existirem leis como a MiFID, que é uma lei da União Europeia que regula a negociação. No entanto, ele acredita que a confiança não se ganha apenas com a regulamentação, mas também, em grande medida, com o que sentimos e entendemos sobre a pessoa com quem trabalhamos e se ela nos parece razoável. É importante distinguir entre corretores e empresas que querem o bem dos clientes e que trabalham com eles para obter resultados, e empresas que se aproveitam das pessoas.

Como muitas pessoas não confiam nos corretores, um corretor referiu que não aborda as pessoas como corretor, mas utiliza outros títulos. Ele acredita que é importante mudar a imagem dos corretores, que a reputação é muito importante. Se os clientes estiverem satisfeitos, investirão mais e tornar-se-ão parceiros a longo prazo. Se não estiverem satisfeitos com eles, vão-se embora e dão-lhes má reputação, o que servirá de marketing negativo, e ninguém quer má publicidade. Concorda que o cliente está numa posição mais fraca em comparação com o corretor e a empresa; confia na empresa, o que é um risco que não pode ser contornado. No final, só se pode confiar em si próprio e a maioria das pessoas não confia em si própria.

Este é um ambiente com um elevado nível de risco e a gestão do risco é outro fator importante para criar confiança, bem como para a segurança do dinheiro. A educação, a explicação dos riscos, o cálculo dos riscos e a utilização de stop/loss e take/profit parecem ser formas comuns de comunicar aos clientes como gerir os riscos. O que também é uma forma de as pessoas obterem algum controlo. Os corretores sublinham que o cliente não deve investir mais do que pode perder, estabelecer limites para o que está disposto a perder, ter margem suficiente e conhecimentos básicos sobre negociação. O conhecimento é importante para reduzir os riscos. Penso também que é um fator crucial para reduzir o medo. Um corretor argumentou que garantir que não se perde o dinheiro era o mais importante para criar confiança nos clientes, em vez de tentar ganhar o máximo de dinheiro possível, o mais rapidamente possível. Muito poucos se tornam bilionários. A nível psicológico, é importante que o cliente esteja bem informado. Se o corretor se preocupa com a conta, a confiança aumenta.

Eu diria que estão em jogo coisas diferentes. As diferentes estruturas empresariais no ambiente das redes digitais desafiam os processos tradicionais previsíveis em ambientes e jurisdições estáveis. Este facto torna o ambiente mais inseguro e dá azo a que as pessoas se aproveitem dos outros, além de tornar as responsabilidades e os papéis mais obscuros, facilitando a ocorrência de situações de risco. Os valores pós-modernos que desafiam os sistemas e conhecimentos especializados e promovem a ideia de que qualquer pessoa pode fazer qualquer coisa, é uma forma de desmistificar o conhecimento profissional e quebrar as hierarquias tradicionais, no entanto, cria um risco em que as pessoas se envolvem em coisas sobre as quais não têm conhecimentos ou experiência suficientes. Os padrões de como a confiança é criada indicam uma forma mais pessoal de criar confiança do que através de sistemas. Poder-se-á dizer que o papel dos corretores é personalizar a empresa e os seus sistemas. Se a modernidade incluísse relações institucionalizadas em sistemas especializados, isso indicaria que, embora a experiência profissional ainda seja enfatizada, há uma personalização do sistema e do negócio. As relações baseiam-se na interação um-a-um, as relações pessoais e os laços sociais são criados, por exemplo, através da demonstração de interesse pessoal pelo cliente, juntamente com o facto de o cliente ter um papel mais ativo. A criação de confiança não se baseia tanto em registos escritos como em relações pessoais. A extensão das empresas fraudulentas e do mau comportamento pode ser uma etapa na reinvenção dos valores e do profissionalismo no ambiente em linha. Também relacionados com as ideias de individualização e agência, os laços entre indivíduos parecem ser centrais na construção da confiança, onde as pessoas, e não os sistemas abstractos, têm um papel central na incorporação da fiabilidade. No entanto, o contexto técnico, organizacional e regulamentar também é importante na construção da confiança. Além disso, as responsabilidades parecem ser atribuídas em grande medida aos indivíduos - tanto aos corretores como aos clientes - e não às empresas e às funções sociais. Nas chamadas telefónicas com corretores, estes sublinham frequentemente que estarão sempre ao lado do cliente, que estarão a "segurar-lhe a mão". Parece que o papel do corretor é induzir uma sensação de segurança num ambiente caracterizado por um elevado nível de risco. Mas confiar em alguém e atribuir-lhe a responsabilidade de garantir a segurança é também uma forma de dar poder a esse ator. Isto abre a possibilidade de contribuir ou de tirar partido da situação. As responsabilidades, as escolhas, a gestão dos riscos e o facto de ganhar ou perder dinheiro recaem em grande medida sobre os indivíduos. Além disso, em alguns casos, os modelos de negócio parecem ser altamente individualizados, em que o corretor recebe uma parte do lucro que o cliente obtém. Mas há também outros modelos, como o comércio social, em que as pessoas podem colaborar e seguir os passos de outras. Pode dizer-se que alguns processos são individualizados e outros centrados em redes.

Se os sistemas hierárquicos tornaram o poder explícito e previsível, também serviram como "zonas-tampão", onde também existe uma diferenciação do nível de desafios que uma pessoa enfrenta. Quem está num nível inferior também está protegido de desafios diferentes. É uma forma de assumir, passo a passo, mais responsabilidades, bem como uma forma de lidar com os desafios e fazer escolhas.

Desta forma, as estruturas podem também contribuir para um processo de individualização. Neste contexto, os indivíduos têm de lidar com tudo; não há filtros, proteção ou zonas tampão, cabe a cada um ter sucesso. Num ambiente deste tipo, as relações comerciais tornam-se importantes, bem como quem está incluído na rede de contactos de uma pessoa. Tal como nos exemplos de comércio social, o objetivo da rede é reduzir os riscos através da partilha de experiências e conhecimentos. Alternativas a estes extremos, de gestão autónoma ou de sistemas hierárquicos, são diferentes iniciativas de colaboração com estruturas mais planas e responsabilidades partilhadas.

Embora possa parecer uma forma de quebrar as hierarquias tradicionais com o objetivo de tornar os clientes iguais aos corretores e investidores profissionais, continuam a existir relações de poder. Um cliente que efectua um investimento deposita a sua confiança no corretor e na empresa, tornando-se assim vulnerável a riscos. O inverso também é válido, pois, como comentou um corretor, é preciso confiar nas pessoas que se apresentam como clientes. Note-se que nem todos o são, alguns são espiões de outras empresas e pode haver pessoas que utilizam o sistema para branqueamento de capitais. O ambiente técnico e as regras que o rodeiam enquadram o funcionamento da atividade e regulam, a alguns níveis, as relações entre clientes e empresas. O desenvolvimento da tecnologia que assume o controlo de muitos processos exige também o desenvolvimento de mecanismos de confiança na conceção, bem como o desenvolvimento de uma fiabilidade sistémica no ambiente em linha. Precisamos de uma perspetiva holística sobre a questão da confiança, que inclua tecnologia, registos, regulamentos, pessoas, aspectos culturais, decisões conscientes, bem como escolhas e comportamentos éticos, e que a relacione com o ambiente circundante e o seu efeito no mundo, no ambiente e noutras espécies. Por exemplo, as tecnologias digitais requerem grandes quantidades de energia, bem como a utilização de metais, o que também deve ser considerado.

Em resumo, diria que, enquanto cliente do comércio em linha, é muito difícil avaliar quem é de confiança e quem não é, que informação é fiável e autêntica e qual não é. Os corretores têm de compensar a insuficiência dos mecanismos infra-estruturais de fiabilidade e são eles os culpados de todas as actividades fraudulentas, quando, na verdade, há também outros mecanismos em jogo. São efectuados diferentes tipos de manipulação, por vezes pelo corretor, em alguns casos parece ser uma pressão da empresa, por vezes há coisas nos sistemas informáticos que não funcionam. Podemos perguntar-nos quem está por detrás da cena e quem tem o controlo. Os indivíduos, os consumidores, os corretores e as empresas estão expostos a elevados níveis de risco e vulnerabilidades. Existe muita pressão de diferentes formas, como o stress, a elevada velocidade do mercado, as expectativas de lucro e a concorrência. Embora a fraude contra os clientes esteja no centro deste livro, existem também outras actividades criminosas e trabalhar neste domínio parece ser um risco e não tão glamoroso para todos.

Confiança nos sistemas

No exemplo do comércio em linha, em que a confiança é um tema central, existem vários factores de influência. Trata-se de um novo ambiente com novas formas de processos e interações comerciais, um desafio aos sistemas especializados, processos de reintegração, novos padrões culturais e reinvenção de valores, juntamente com impulsos de individualização. O que anteriormente era dado como certo é posto em causa e a confiança tem de ser recriada em relação a novas circunstâncias e valores. Existe confiança quando uma pessoa acredita em alguém ou num princípio; é uma expressão de compromisso para com alguém ou alguma coisa. As formas de confiança nas instituições modernas têm-se baseado, em parte, numa vaga compreensão da sua base de conhecimentos, que é agora questionada (Giddens, 1990, p. 27).

Uma caraterística das sociedades modernas tem sido a confiança em sistemas abstractos e sistemas especializados (Giddens, 1990). Isto significa que existe uma confiança nos processos, nas profissões e nos peritos, uma vez que as pessoas interagem com estranhos. Os sistemas periciais são sistemas de conhecimentos técnicos e profissionais que organizam grandes áreas das sociedades em que vivemos atualmente. A confiança reside na crença na perícia em diferentes domínios da vida e do viver. As sociedades modernas caracterizam-se por mecanismos de dissociação, dos quais os sistemas periciais são um exemplo e as fichas simbólicas outro. Os mecanismos de dissociação retiram as relações sociais do seu contexto imediato e separam o tempo do espaço. Proporcionam "garantias" de expectativas no tempo e no espaço ------------------ e é por isso distanciado no tempo-espaço. O dinheiro é um exemplo de símbolo simbólico, que permite a realização de transacções entre agentes distantes no tempo e no espaço (Giddens, 1990), enquanto os registos são provas registadas de transacções, servindo, por sua vez, como provas de acções ao longo do tempo e do espaço. Os registos são um meio de ligar as provas registadas de acções a um contexto, deslocando-as no tempo e no espaço, afastando-as do seu contexto original, mas trazendo ainda assim os ingredientes necessários para proporcionar conhecimento da ação documentada.

Todos os mecanismos de desencaixe, tanto as fichas simbólicas como os sistemas periciais, dependem da confiança, que é necessária para que as pessoas trabalhem com estranhos em ambientes com maior ou menor grau de risco. "Qualquer pessoa que utilize fichas monetárias fá-lo na presunção de que os outros, que nunca conhece, honram o seu valor" (Giddens, 1990, p. 26). Um elemento importante na criação de confiança nos sistemas periciais e nas fichas simbólicas são os registos, uma vez que estes asseguram a fiabilidade do dinheiro enquanto tal, mas também fornecem provas da forma como este foi gerido em diferentes transacções. Assim, em caso de infração, os direitos podem ser acionados e a justiça garantida. Os processos de auditoria e responsabilização têm sido uma parte importante da garantia de manutenção da confiança nos sistemas periciais. À medida que a confiança nos sistemas periciais e nos sistemas abstractos diminui, tem de ser criada de novas formas, que é o que Giddens refere como uma reintegração de diferentes áreas, a fim de melhorar a confiança e o significado. Isto pode ser o que é criado no exemplo do comércio em linha, onde a criação de confiança a nível interpessoal é claramente enfatizada. Ao mesmo tempo, deve ser dada mais ênfase à criação de confiança na infraestrutura tecnológica e informativa em linha.

Confiança e relações económicas em rede

A criação de confiança também é definida pelas estruturas empresariais. Mesmo que o ambiente de rede globalizado possa parecer desafiador devido às responsabilidades, ele também tem vantagens. De acordo com Andresen, Braunerhielm e Roxenhall (2015), as redes com actores que estão ligados direta e indiretamente podem servir de base para a inovação, o desenvolvimento e o crescimento. As redes podem envolver a partilha de diferentes recursos, tais como informações, competências, conhecimentos implícitos, contactos e outros recursos não físicos. A composição total e as relações determinam a sua força e as possibilidades de desenvolvimento. As relações económicas estão sempre inseridas em relações sociais, razão pela qual as relações sociais entre os actores envolvidos são importantes, o que significa que se baseiam numa relação mútua e de confiança. As redes sociais têm-se revelado um grande contributo para o sucesso das empresas, onde um fator central é a partilha de conhecimentos, a forma como a inovação é criada e como os negócios são coordenados. A análise das estruturas das redes é, por isso, importante para compreender as relações no sector empresarial (Andresen, Braunerhielm & Roxenhall, 2015). As relações económicas estreitas em rede podem ser discutidas em termos de proximidade cognitiva, emocional e calculativa, e como podem emergir e ser desenvolvidas. A proximidade cognitiva refere-se ao grau de proximidade mental e de pensamento dos actores. A parte emocional refere-se a emoções e atitudes, se os actores gostam uns dos outros e têm um sentido de semelhanças e objectivos comuns. Os aspectos calculistas referem-se a cálculos e avaliações de recursos. As questões de confiança estão relacionadas com o envolvimento dos actores nestes aspectos

(Andresen, Braunerhielm & Roxenhall, 2015).

No comércio eletrónico, estes três aspectos também se encontram na forma como os corretores comunicam. É comum que os corretores queiram mostrar e explicar os cálculos, como forma de criar confiança e provar a sua fiabilidade. É também um padrão que visa ser pessoal e mostrar interesse pelo cliente, uma forma de o corretor e o cliente se conhecerem e encontrarem um terreno e objectivos comuns. Além disso, os corretores fazem frequentemente muitas perguntas sobre experiências e querem saber como o cliente pensa e age, o que se aplica ao aspeto mental/cognitivo. Os desafios relacionados com a parte cognitiva são, por exemplo, o facto de as pessoas terem percepções, experiências e tradições muito diferentes quando se trata de dinheiro, como o que é entendido como um montante razoável para investir, o que pode criar tensão nos casos em que as expectativas diferem, o que também se aplica a ideias diferentes sobre o comportamento esperado nas relações comerciais. É igualmente importante ter uma ideia comum da gestão do risco. Neste caso, a personalidade, os aspectos culturais e os valores influenciam as atitudes e os comportamentos e, se as diferenças forem demasiado grandes, é provável que se criem algumas tensões. Num ambiente global e multicultural, é importante ser sensível e permitir diferentes abordagens ao dinheiro e à riqueza, e saber que o ponto de partida será diferente para pessoas diferentes. O que é uma pequena quantia para uma pessoa pode ser uma soma enorme para outra. As possibilidades de geração de dinheiro que uma pessoa conhece também variam, o que está relacionado com a forma como a pessoa compreende os processos de mercado e o ambiente digital. A formação dos clientes é frequentemente mencionada pelos corretores como um fator de sucesso, o que pode provavelmente resolver alguns destes problemas, mas é também, em grande medida, uma questão de atitude. De acordo com Andresen, Braunerhielm e Roxenhall (2015), as pessoas que estão próximas umas das outras compreendem, percepcionam e valorizam cognitivamente as coisas no mundo de forma semelhante, o que é importante para uma colaboração bem sucedida. Mas um certo nível de diferença pode conduzir a inovações frutuosas e ao desenvolvimento de ideias, ao passo que uma semelhança cognitiva demasiado próxima pode ser um obstáculo em termos de desenvolvimento e conduzir provavelmente à estagnação, razão pela qual a melhor solução é alcançar um equilíbrio entre proximidade-diferença cognitiva.

A proximidade emocional afecta a decisão de uma pessoa de manter uma relação e, por sua vez, é afetada por aspectos relacionados com valores, confiança, benevolência e reciprocidade. Isto é, tem a ver com o facto de uma pessoa ter sentimentos, identificar-se e estabelecer laços com outra pessoa e se os aspectos de lealdade estão incluídos. Mesmo que uma pessoa não consiga compreender ou ver as vantagens racionais ou avaliar os seus efeitos, a relação pode parecer correta. Neste caso, a relação baseia-se em razões emocionais. A confiança é um requisito para a proximidade emocional e para que a pessoa perceba a relação como boa. A investigação identificou fortes ligações entre experiências comerciais positivas e proximidade emocional (Andresen, Braunerhielm &

Roxenhall, 2015). No comércio em linha, muitos corretores esforçam-se muito por criar proximidade emocional, lealdade e um sentimento de confiança pessoal. A investigação mostra que, em relações de rede sustentáveis e a longo prazo, a proximidade emocional é mais forte e tem um papel mais importante do que os outros tipos de proximidade, enquanto o aspeto calculativo tem um papel mais central em redes maiores (Andresen, Braunerhielm & Roxenhall, 2015).

A proximidade calculativa inclui dois aspectos: negativo e positivo. A dimensão negativa diz respeito aos valores bloqueados, ou seja, o ator está consciente da possibilidade de perder investimentos (em dinheiro, tempo, social, conhecimento, etc.) e de ter de fazer novos custos e investimentos sociais se a relação for quebrada. A dimensão positiva diz respeito aos valores futuros, em que os benefícios futuros, como o tempo, os esforços, o dinheiro, o conhecimento, etc., serão ganhos ao manter a relação e perdidos se a relação for quebrada. Se o ator considerar que há valores futuros bloqueados, ou falta de parceiros alternativos, pode desenvolver-se uma proximidade calculista. Isto depende dos benefícios que a pessoa vê na relação (Andresen, Braunerhielm & Roxenhall, 2015).

Desafios da perceção da confiança

Tendemos a pensar na confiança como algo de bom, mas, como já foi referido, pode permitir que se tire partido dela. Uma pessoa que confia nos outros torna-se vulnerável. Confiar em alguém significa abdicar do seu poder e controlo pessoais. Mas, para interagir com os outros, é necessário um nível básico de confiança. É por isso que a confiança está também rodeada de um enquadramento - explícito e implícito - do que se espera, dos comportamentos, valores e padrões que devem ser a base da confiança, bem como dos mecanismos e medidas de controlo quando a confiança é quebrada ou violada. Faz parte do chamado contrato social. É uma forma de garantir que os actores trabalham para o mesmo objetivo e não uns contra os outros. Numa sociedade individualizada, é importante que as pessoas confiem em si próprias, para serem capazes de gerir situações difíceis, da mesma forma que seguir as opiniões dos outros pode ser um risco para a pessoa em questão. Isto também foi enfatizado nas conversas; para que um cliente seja bem sucedido, é importante criar confiança em si próprio, bem como na relação com o corretor. Vários corretores no comércio eletrónico comentaram que a confiança é algo que se desenvolve ao longo do tempo e que é o resultado do que é criado em colaboração no processo. A digitalização colocou-nos numa fase em que estão a ser desenvolvidos novos valores, normas e mecanismos para criar confiança, bem como mecanismos sistémicos para a fiabilidade da infraestrutura. À medida que diferentes serviços se tornam automatizados, realizados pela tecnologia, há uma maior necessidade de desenvolver sistemas de informação fiáveis. Nos casos de substituição dos encontros pessoais com as pessoas, a tecnologia pode eliminar alguns dos desafios das relações pessoa a pessoa, mas também elimina o contacto humano e o que as pessoas podem dar umas às outras.

Personalização da confiança

A forma como a confiança é criada no comércio em linha pode ser explicada como uma personalização da confiança em comparação com a confiança abstrata das sociedades modernas. A distinção de Giddens (1990) entre compromissos com e sem rosto pode ser utilizada para compreender melhor a forma como a confiança é criada. Nos compromissos presenciais, a confiança é gerada pelo contacto direto entre as pessoas. Os compromissos sem rosto incluem a criação de confiança através da fé em símbolos ou sistemas especializados, o que tem sido crucial quando as pessoas interagem com estranhos e ao longo da distância e do tempo. O compromisso com o rosto está presente tanto no tempo como no espaço. A confiança pode ser criada entre indivíduos que se conhecem bem e que, com base numa relação de longo prazo, desenvolveram o sentimento de poder confiar no outro. Em algumas circunstâncias, a confiança em sistemas abstractos não pressupõe qualquer encontro com os indivíduos ou grupos que, de alguma forma, são "responsáveis" por eles. No caso do comércio em linha, as tecnologias permitem novas possibilidades de compromissos presenciais, em que as pessoas podem, por exemplo, seguir o que a outra pessoa está a fazer partilhando o ecrã em tempo real. A confiança é criada através do estabelecimento de uma relação pessoal entre o corretor e o cliente, incluindo frequentemente conversas telefónicas frequentes. Ao mesmo tempo, é algo anónimo, uma vez que o cliente e o corretor não se encontram fisicamente, a presença é criada através das vozes e das conversas. Poder-se-ia dizer que a tecnologia altera as condições tanto para o trabalho presencial como para os compromissos sem rosto, que podem ser mais pessoais e mais anónimos.

Os meios tecnológicos de comunicação tornam possível a criação de espaços de encontro naquilo a que Giddens (1990) chama pontos de acesso. Os pontos de acesso situam-se onde os compromissos sem rosto e os compromissos com rosto se encontram, e onde as pessoas envolvidas desempenham um papel importante. São locais onde os indivíduos se encontram e se relacionam com representantes de sistemas abstractos; têm um papel importante na construção e manutenção da confiança. As pessoas são lembradas de que existem pessoas reais dentro das instituições e funcionam como elos entre a confiança do sistema e a confiança pessoal. Os indivíduos que se encontram nestes pontos de acesso têm, assim, um elevado nível de responsabilidade na criação de confiança. Este aspeto é central no exemplo do comércio em linha, em que o corretor tem a responsabilidade mais importante na criação de confiança junto dos clientes. Alguns corretores parecem esforçar-se muito para mostrar que são dignos de confiança. Um padrão comum é a comunicação direta entre o corretor e o cliente e, devido aos meios de comunicação, podem escolher quando responder aos clientes. No entanto, a sua responsabilidade de lidar com diferentes tarefas relacionadas com o cliente é maior, uma vez que o cliente contactará diretamente o corretor. Desta forma, os corretores têm uma maior responsabilidade pessoal nas suas relações com os clientes, em comparação com a empresa propriamente dita.

Com a personalização das relações comerciais, a confiança é transportada pelas pessoas. Há também tendências para olhar para dentro (Giddens, 1990), onde o significado é criado a partir do interior e nas relações entre as pessoas. Nestes processos, a reflexividade a diferentes níveis é importante para aprender e desenvolver estratégias de gestão do risco e de criação de confiança. Também diz respeito aos valores que são incorporados nos sistemas de TI, se incluem aspectos de empatia e de centragem no ser humano, por exemplo.

Apesar de a tecnologia ser um meio de comunicação e de reunião, é sobretudo um espaço virtual desligado das aparências físicas e das localidades das pessoas, o que gera novos desafios em matéria de confiança. Por exemplo, facilita o desaparecimento de pessoas ou o facto de dizerem mentiras. Utilizando a tecnologia, os actores podem escolher quando interagir com os outros e, quando isso se torna inconveniente, é fácil desaparecer ou não responder; não existe um "lugar" a que a outra parte possa recorrer para encontrar a pessoa. Como a confiança não é criada principalmente por acordos formais, mas sim de muitas outras formas diferentes, temos também de desenvolver novas estratégias e requisitos para a gestão de registos. Nas sociedades modernas, as instituições e os sistemas abstractos têm tido processos que incluem mecanismos de confiança, bem como mecanismos de controlo e de tomada de medidas quando a confiança é quebrada, de que são exemplos os processos de responsabilização e de auditoria. Estes tipos de processos têm de ser redefinidos no ambiente em linha.

Risco

Existe uma ligação entre o conceito de risco e o de confiança; se não existissem riscos, não haveria necessidade de confiança. Como já foi referido, a confiança é uma forma de lidar com riscos, ameaças e perigos. O comércio em linha envolve um elevado nível de risco. O contexto tecnológico, com possibilidades de alavancar o montante de dinheiro investido na transação, torna possível obter maiores lucros, mas também maiores perdas. Os corretores entrevistados sublinharam a importância de ter consciência dos riscos, de saber calcular o risco e de não investir demasiado. É importante certificar-se de que tem margem suficiente na sua conta, deixando espaço para os movimentos do mercado e permitindo que a posição comercial seja fechada quando o nível desejado for atingido. Caso contrário, a posição pode ser fechada quando existe uma grande volatilidade ou um risco de que toda a conta seja esgotada. A volatilidade, a alavancagem e o volume são alguns dos factores a considerar no cálculo do risco. É difícil compreender os conceitos e o seu significado, como por exemplo, quanto é um lote (medida de volume) em termos de valor monetário. Os sistemas também têm designs diferentes, alguns permitem calcular em dinheiro, mas outros só permitem registar o volume em lote.

Ter margem suficiente, elaborar um plano de negociação, abrir posições em que o cliente acredita após análise e ser paciente são factores de sucesso mencionados por um dos entrevistados. Ter poupanças na conta que possam ser utilizadas para grandes eventos, ter posições diferentes e não colocar tudo numa só transação também foram conselhos mencionados. Um dos corretores foi da opinião de que seria bom que os clientes começassem a negociar com pequenas quantias, para aprenderem a lidar com o risco e não se encontrarem em situações graves. O corretor também dá muita formação e ensina sobre o risco. Argumenta que a negociação não é uma ciência espacial, mas que é preciso ser disciplinado, racional e gerir o risco e não ser ganancioso. No entanto, considera que a maioria das pessoas é dominada pela ganância quando negoceia, o que se torna a sua ruína. Considera que as pessoas são gananciosas por natureza e que é preciso controlá-las. A aprendizagem contínua com as experiências também foi mencionada como importante para o sucesso, bem como o facto de manter as emoções afastadas e concentrar-se na estratégia para evitar sentimentos fortes de medo e/ou ganância.

De acordo com os entrevistados, o maior risco é psicológico, quando as pessoas são movidas pelo medo e pela ganância e têm expectativas demasiado elevadas em relação ao seu investimento. Um dos entrevistados comentou que o início é o maior desafio, antes de o cliente ter desenvolvido uma compreensão suficiente de como funciona, bem como confiança na sua estratégia. Isto leva muitos clientes a correr riscos demasiado grandes, o que os pode fazer perder tudo numa única transação. Vários corretores afirmam que um grande risco é quando as pessoas negoceiam por conta própria sem saberem bem o que estão a fazer ou como calcular o risco, o que os corretores consideram ser comparável ao jogo. Ao abrir posições, é possível definir limites para stop/loss e take/profit, o que significa que quando o preço do ativo atinge um determinado limite, a posição é fechada. Neste caso, o negociante não terá de arriscar que a posição atinja o fundo e queime a conta. No entanto, existe o risco de a posição fechar no negativo durante as flutuações. Existem também outras ferramentas para a gestão de riscos e cálculos, de modo a criar estratégias para as posições.

Durante o estudo, alguns corretores referiram que a regulamentação foi melhorada no que respeita à forma como as empresas de corretagem informam os clientes sobre os riscos. Têm de ser mais explícitos sobre os riscos e não falar apenas de possibilidades. Um dos corretores sublinhou que nunca se pode saber com certeza para onde vai o mercado, razão pela qual nunca faz promessas. No entanto, ele assume a responsabilidade pela sua parte do trabalho. Vários dos corretores entrevistados comentaram que não têm interesse em forçar um cliente a escolher qualquer coisa, que a escolha é dele. No entanto, há muitos corretores que pressionam os clientes de forma bastante agressiva para que façam grandes investimentos. Num dos exemplos de negociação, o corretor parecia não ter um plano, era bastante ad hoc, o que levou a telefonemas frequentes, insistindo em novas oportunidades e novos depósitos. Além disso, o nível das margens atingia frequentemente níveis críticos.

O risco também implica que existe a possibilidade de algo diferente. Trata-se de fazer algo desconhecido. De acordo com Giddens, "o risco refere-se a perigos que são ativamente avaliados em relação a possibilidades futuras. Só é utilizado numa sociedade orientada para o futuro (...). O risco pressupõe uma sociedade que tenta ativamente romper com o seu passado - a caraterística principal, de facto, da civilização industrial" (Giddens, 2002, p. 22). No mercado financeiro, há um forte impulso para a obtenção de lucro, que também está incluído nas ideias de melhoria de vida e de uma vida melhor. O capitalismo pega no desejo de um futuro melhor e atribui-lhe um valor monetário, o que constitui uma forte força motriz no mercado. Enquanto o risco implica possibilidades, a gestão do risco é uma forma de tentar controlar a extensão dos possíveis danos.

Medo, ganância, expectativas e falta de consciência

O principal risco levantado pelos corretores é o facto de os clientes serem dominados pelo medo e pela ganância, e a sua falta de conhecimento ou consciência do que estão a fazer. As pessoas querem ganhar muito dinheiro rapidamente; agem como se fossem jogadores de casino e apostadores. Alguns dos corretores acreditam que a ganância e o medo fazem parte do ser humano e que é necessário controlar estas caraterísticas. Seguir as emoções também foi apontado como um risco, pois tende a acabar mal. A desconfiança que muitas pessoas têm também foi vista como um grande obstáculo, uma vez que isso significa que têm de trabalhar arduamente para criar confiança com um potencial cliente antes de poderem começar o trabalho efetivo.

Como existe o risco de lhe mentirem ou de se aproveitarem de si, é importante estar atento; é preciso saber o que se está a fazer e em quem se pode confiar. Um dos entrevistados defendeu que, antes de mais, deve confiar em si próprio, nunca deixar que ninguém negoceie por si e encontrar um corretor com quem possa trabalhar e que se preocupe com a sua conta e os seus resultados. É importante que os clientes não deixem que outras pessoas façam escolhas por eles, que participem no processo e compreendam o que está a acontecer. Muitas pessoas parecem não confiar em si próprias e é mais provável que confiem noutra pessoa e deixem que ela tome conta do seu dinheiro. É quando um cliente confia mais em alguém do que em si próprio que se arrisca a ser aproveitado e manipulado. Confiar em pessoas com base em expectativas é um risco, e é importante estar ciente do que está realmente a acontecer. No entanto, no ambiente em linha é muito difícil perceber em quem se pode efetivamente confiar ou não e são necessárias melhores ferramentas para fazer esse tipo de avaliações. Para além de melhores mecanismos de responsabilização e transparência. Atualmente, as empresas têm muita informação sobre os clientes, mas e o contrário? A que informações têm os clientes acesso sobre as empresas? Que informação utilizam os utilizadores e em que baseiam as suas decisões? Um ator desenvolveu uma aplicação em que os clientes podiam ver que empresas estavam listadas como fraudulentas. Este é um exemplo de uma ferramenta que pode facilitar aos clientes a tomada de melhores decisões. Existem também diferentes fóruns e informações na Internet, mas não é claro quem é o fornecedor da informação e o que é fiável. Mais serviços baseados em dados abertos poderiam ser uma forma de criar mais transparência, bem como melhorias no mercado e inovação. É crucial que se trate de informação imparcial e fiável, facilmente acessível e utilizável.

Outro risco é quando as pessoas estão habituadas a que os negócios sejam efectuados de uma determinada forma, de acordo com a cultura e certos valores e códigos implícitos. Isto significa que se espera que as pessoas, enquanto representantes de, por exemplo, serviços financeiros, gerem o dinheiro dos clientes de uma determinada forma. No entanto, quando os processos são alterados e transferidos para um contexto digital, com expectativas e percepções culturais diferentes, sem que existam mecanismos de responsabilização, é possível questionar e redefinir. Se o quadro regulamentar não tiver acompanhado o desenvolvimento tecnológico, pode haver lacunas que deixem os clientes à mercê da lei, sem que ninguém seja responsabilizado por actos ilícitos.

Para os corretores, este é também um ambiente desafiante, em grande medida dominado pelo medo, pela ganância e pela concorrência, bem como pela velocidade e pelos riscos do mercado. Alguns corretores também comentaram que pode ser muito stressante e que é importante gerir esse stress. O desenvolvimento de diferentes redes pode ser uma forma de reduzir um pouco a atmosfera competitiva; permite a criação de comunidades que podem colaborar e apoiar-se mutuamente, e onde o conhecimento e a informação podem ser partilhados, o que pode criar possibilidades para mais pessoas. Estando num ambiente desafiado pelo medo e pela ganância, os indivíduos têm de desenvolver uma força interior para não caírem em padrões destrutivos. Em relação às ideias de individualização e às possibilidades de as pessoas assumirem um papel mais ativo em diferentes domínios, os riscos e as responsabilidades a nível individual aumentam. Antigamente, estes riscos eram geridos por profissionais, instituições, etc., em troca de uma parte do poder e do controlo pessoal da pessoa; atualmente, trata-se de algo com que a pessoa tem de lidar sozinha, em maior grau. É importante desenvolver a confiança pessoal em si próprio, de modo a poder gerir os diferentes riscos a nível pessoal. O desenvolvimento de redes e comunidades para se apoiarem mutuamente de diferentes formas pode ser muito importante nestes processos.

Risco, reflexividade e responsabilidade

A capacidade de gerir os riscos e de introduzir melhorias constantes é importante para a criação de confiança. Nestes processos, a reflexividade desempenha um papel importante. Partindo do princípio de que as actividades humanas que produzem riqueza também produzem riscos, temos a responsabilidade de reduzir os seus danos. Segundo Beck, "o ganho de poder do 'progresso' tecno-económico está a ser cada vez mais ofuscado pela produção de riscos" (Beck, 1992, p. 13). Como os riscos produzidos pela sociedade industrial estão a tornar-se cada vez mais proeminentes, é necessário gerir e atenuar os riscos de forma mais eficiente, bem como alterar os padrões destrutivos. Este pode ser o maior desafio de confiança de todos na sociedade contemporânea. Os valores e motivos que foram forças motrizes durante a modernidade não são sustentáveis. As ideias de riqueza têm de incluir mais as preocupações sociais e ambientais, bem como o bem-estar das pessoas.

À medida que a tecnologia vai assumindo um número crescente de tarefas dos seres humanos e das instituições, a responsabilidade tem de se seguir. Se os riscos são produzidos juntamente com novas possibilidades, surgem novos padrões de inclusão e exclusão, de quem beneficia e de quem perde com o desenvolvimento (Beck, 1992), e de quem é afetado. Por exemplo, no comércio em linha, pode perguntar-se o que acontece quando, como alguns corretores comentaram, 95% dos clientes estão a perder dinheiro. Quem é o vencedor e quem será afetado? E quem será responsável pelos problemas gerados por esta situação? Qual é a responsabilidade de cada indivíduo e qual é a responsabilidade dos sistemas em que as pessoas actuam? As crises financeiras (tanto a nível individual como a uma escala maior) terão um custo para a sociedade. Isto não afecta apenas os envolvidos no comércio, mas também outros, por exemplo, sob a forma de diminuição do espaço financeiro, dinheiro que poderia ser investido na educação das crianças, por exemplo, mas que agora tem de cobrir danos económicos. Também se está a tornar mais fácil evitar o pagamento de impostos e esconder fundos, de que são exemplos os Panama Papers e os Paradise Papers.

Temos de ter em conta a responsabilidade individual, mas também de estar conscientes dos mecanismos em jogo, como as relações de poder no mercado e os padrões de manipulação, as normas geradas socialmente que pressionam as pessoas a aumentar a sua riqueza e os riscos acrescidos das tecnologias. As tecnologias digitais trazem novas possibilidades, mas também exponencializam os riscos, da mesma forma que as pessoas têm riscos internos que fazem parte da sua personalidade. Com os serviços de fácil acesso na Internet, uma pessoa pode fazer todo o tipo de coisas com um simples clique no rato e ficar arruinada numa fração de segundo. As contradições nos valores culturais, as fraquezas pessoais e as expectativas irrealistas são riscos que se encontram no interior das pessoas e constituem desafios a enfrentar nos processos de individualização. É crucial criar confiança em si próprio, aumentar a consciencialização e fazer melhorias e aprender continuamente em processos reflexivos. Vários corretores enfatizaram a importância da aprendizagem contínua e de observar tanto os progressos como as perdas e a forma como podem ser feitas melhorias. Os riscos para os clientes, tais como conhecimentos insuficientes, tendências para serem dominados pelo medo ou pela ganância e expectativas demasiado elevadas, bem como outros desafios pessoais relacionados com o dinheiro, são questões em que os corretores podem ter um papel a desempenhar, ajudando as pessoas a geri-los. É importante que as pessoas estejam conscientes dos riscos no ambiente digital e que assumam a responsabilidade. Se, até agora, nos concentrámos sobretudo na satisfação das necessidades materiais, no crescimento externo e nas soluções tecnológicas no debate sobre a riqueza, temos agora de dar mais ênfase ao crescimento interior, a uma maior consciencialização e a uma tomada de decisões mais consciente, para podermos gerir os diferentes tipos de riscos que os indivíduos, bem como as organizações e as sociedades, enfrentam atualmente. Também temos de reconhecer que o dinheiro é o resultado de algo que é criado, e que a riqueza sustentável requer um crescimento interior, dentro das pessoas e das sociedades. A confiança e o conhecimento são factores importantes neste contexto. À medida que os processos de reflexividade se tornam mais importantes, as fontes de geração de bem-estar, paz interior e equilíbrio também se tornarão cruciais para a criação de atitudes resilientes que possam ajudar as pessoas a enfrentar os desafios.

A ideia de riscos pode ser vista como uma forma sistemática de lidar com perigos e ameaças (Beck, 1992), e a gestão de riscos é uma forma de garantir que os danos potenciais não fiquem fora de controlo. É também uma forma de assumir a responsabilidade pelos efeitos secundários gerados ao longo do processo de produção de riqueza. Isto tem causado repetidamente degradação e destruição social e ambiental, bem como custos para o domínio público. A forma como os riscos são definidos e percepcionados está também muito relacionada com as relações de poder. No que diz respeito ao desenvolvimento digital, é importante analisar este aspeto a partir de múltiplas perspectivas, para evitar que apenas um lado da história descreva as possibilidades da digitalização. Se não o fizermos, poderemos continuar a cometer os mesmos erros que nos trouxeram ao ponto em que nos encontramos atualmente, com enormes desafios pelos quais ninguém está verdadeiramente disposto a assumir a responsabilidade. Existem também diferenças de possibilidades em relação à forma como as pessoas estão expostas aos riscos, que parecem misturar-se com a pobreza, também a nível internacional. Parece haver uma atração entre a pobreza extrema e o risco extremo (Beck, 1992). O desenvolvimento digital implicou uma complexidade acrescida, que exige mais do que mentalidades unidimensionais lineares; exige uma maior inclusão em termos de possibilidades e de riscos. A causalidade pode não ser o aspeto mais central de preocupação, mas sim factores correlacionados, que se cruzam em diferentes camadas: nas pessoas, nos sistemas, nos sistemas tecnológicos, nos valores sociais e no ambiente natural. Com a velocidade dos avanços tecnológicos, a par de maiores catástrofes naturais, temos também de desenvolver um maior nível de reatividade à aproximação de crises, tanto no mundo natural como em crises financeiras, migrações e possíveis conflitos. Neste contexto, a gestão de registos tem um papel importante na gestão do risco, para além de permitir processos reflexivos a diferentes níveis da sociedade. Pode ser utilizada para refletir sobre o passado e preparar escolhas para o futuro, o que faz parte do significado de modernidade reflexiva.

O que é que esta discussão tem a ver com o comércio em linha? Trata-se de riscos, que têm de incluir o maior número possível de aspectos e níveis. A principal razão para perder dinheiro, segundo os corretores, é o medo e/ou a ganância. Isto cruza-se com as normas sociais: o medo de ser excluído das possibilidades da vida moderna e as expectativas que se transformam em ganância. Outra das principais razões para perder dinheiro que foi mencionada é o facto de as empresas e os corretores se aproveitarem das pessoas e as fazerem perder dinheiro de propósito. Este é um exemplo de como as pessoas podem utilizar as suas posições de poder para explorar os outros, o que está relacionado com a falta de confiança em si próprio, que leva a não seguir o seu próprio sentido e, em vez disso, a fazer o que os outros lhe dizem para fazer. Isto também está relacionado com questões de acesso a informação fiável, enganando as pessoas ao fornecer desinformação, diferenças no acesso ao conhecimento e à informação e clientes que não têm conhecimento ou experiência suficientes para gerir o que fazem. Existe uma falta de consciência, bem como de qualidades de autenticidade, fiabilidade e integridade (que serão discutidas mais tarde) e, por conseguinte, de fiabilidade e responsabilidade. É uma falta de vontade de assumir a responsabilidade, que é transferida entre os diferentes actores. As pessoas podem simplesmente fugir para um buraco negro no ciberespaço, sem nunca terem de enfrentar qualquer desconforto nas relações humanas. É importante não negligenciar os riscos, os danos potenciais e os efeitos prejudiciais, bem como estar disposto a assumir plena responsabilidade por todos os efeitos das diferentes escolhas. Trata-se também de desenvolver uma atitude de gestão dos riscos, tanto a nível individual como organizacional e social, e de aplicar a reflexividade para uma atitude reactiva aos sinais precoces de riscos. Estes processos têm de incluir um olhar para dentro, para além de que a gestão de registos pode ser utilizada em processos externos, como forma de identificar, comunicar e atenuar riscos preocupantes.

Dependência versus confiança

A teoria da dependência (tal como descrita em Kufakurinani, Kvangraven, Santana e Styve, 2017) tem sido utilizada para analisar e discutir a produção de riqueza e pobreza, principalmente em conversas sobre relações pós-coloniais. Aborda as relações de poder e os diferentes papéis, e utiliza os conceitos de centro e periferia. Inclui uma crítica à ideia de modernização e à ideia de um 'caminho único' para o desenvolvimento que todos os países devem seguir. O cerne da ideia é que todos os países devem seguir o mesmo caminho que os países ocidentais e que a ideologia neoliberal é a única solução. Esta ideia tem sido frequentemente utilizada em debates sobre relações comerciais, em que os antigos países coloniais se tornaram dependentes da produção e exportação de matérias-primas, ao mesmo tempo que dependiam da importação de produtos de maior valor dos países ocidentais. Deste modo, pode dizer-se que existe um núcleo (países ocidentais) para onde flui a matéria-prima, que é transformada em produtos de maior valor e depois exportada para a periferia. A ideia é que a riqueza produzida durante a industrialização também produziu pobreza nos países periféricos. Outra caraterística é que são os países da periferia que são acusados de não serem "suficientemente bons" ou de não "fazerem o suficiente", sendo essa a razão da sua pobreza. No entanto, argumentam que isso faz parte de um problema estrutural. A teoria da dependência não é uma teoria única e coerente, mas sim uma corrente de ideias que inclui uma perspetiva histórico-cultural com uma abordagem crítica da ordem económica global e que aborda as relações de poder a um nível estrutural. Tem sido criticada por ser demasiado determinista em termos estruturais e por não ter suficientemente em conta a perspetiva da agência. Pode, no entanto, ser útil analisar a forma como as relações de poder são moldadas pela criação de dependências. A dependência não existe apenas a nível global, mas também a nível local e a diferentes níveis da sociedade. Uma sugestão é olhar para a forma como o dinheiro flui no mundo, como forma de estudar as relações de poder a utilizar para gerar mudanças. As relações entre o poder, as dependências e o neocolonialismo, os mecanismos que sustentam a pobreza e as alternativas a esta, são questões que são discutidas na teoria da dependência (Kufakurinani, Kvangraven, Santana & Styve 2017).

Argumenta-se que o capitalismo atual cria uma polarização entre centros e periferias a nível global e que são os actores dos centros que dominam o discurso do desenvolvimento no mundo a seu favor, apoiados pela política global. Foi sugerido que deveria haver mais espaço para os diferentes países escolherem o seu próprio caminho, que não deveria haver apenas um discurso dominante a determinar todo o desenvolvimento no mundo, mas sim uma multiplicidade de escolhas. O principal argumento é evitar a ideia de um modelo de desenvolvimento globalmente uniforme, em que a modernização ocidental é vista como o ideal, e permitir que os países emergentes tenham mais espaço político. Isto significa que a industrialização trouxe dependências, centralização do poder e do capital e reduziu as escolhas e o bem-estar de muitas pessoas. Em vez disso, defende-se uma abordagem pluralizada do desenvolvimento, onde existem muitas opções (Kufakurinani, Kvangraven, Santana & Styve 2017).

Estas ideias desenvolvidas na teoria da dependência podem ser abordadas a vários níveis: a nível macro, como a realidade tecno-informacional se desenvolve a nível global, bem como a nível micro, entre indivíduos, e também em relação ao nível macro. É igualmente aplicável no caso do comércio em linha, em que podem ser criadas relações de dependência e promovida a independência. Por exemplo, vários corretores referem que os clientes devem ter o controlo do seu dinheiro e desenvolver conhecimentos, aptidões e competências para poderem negociar sozinhos, para não dependerem de ninguém e para desenvolverem estratégias que funcionem na sua situação pessoal. Outros salientam a importância dos conhecimentos profissionais dos corretores e o risco que isso implica para quem negoceia por conta própria; receber ajuda pode ser considerado uma possibilidade. Esta questão também está relacionada com as percepções de confiança, se um cliente deve "confiar" em alguém ou em si próprio em primeiro lugar. A confiança pode ser usada tanto para criar dependências como para construir colaboração. Se uma pessoa "confia" cegamente em alguém, é uma forma de evitar a tomada de decisões - mas pode ser utilizada para reforçar os laços e aumentar as hipóteses de bons resultados, caso em que a pessoa em questão confia tanto em si própria como na outra pessoa envolvida, incluindo também a consciência e a reflexividade. A primeira situação baseia-se no facto de a pessoa se tornar dependente do mediador, ao passo que, no outro cenário, a confiança é utilizada para reforçar a agência através da colaboração.

Uma pessoa sem confiança em si própria cria uma dependência em relação a outra pessoa, o que a coloca numa posição vulnerável, tornando-a dependente da boa vontade do outro, para além de ser influenciada pela compreensão desta pessoa. Isto pode influenciar as escolhas do indivíduo, tanto direta como indiretamente, e está relacionado com os riscos pessoais nas relações económicas interpessoais. Padrões como a fraude têm sido destacados como um efeito das dependências

(Kufakurinani, Kvangraven, Santana & Styve 2017), e baseiam-se em ideias de que outra pessoa tem algo que não se pode criar sozinho. Quando confiamos na nossa capacidade de criar algo, não precisamos de o obter de outra pessoa. A fraude e os padrões de aproveitamento dos outros baseiam-se na falta de confiança na própria capacidade.

As dependências não se referem apenas ao facto de os clientes dependerem dos corretores. Os corretores também dependem da existência de clientes e os diferentes modelos de negócio podem promover diferentes aspetos das dependências, por exemplo, elevados rendimentos dos clientes. Assim, a forma como as coisas estão estruturadas - nas relações interpessoais, nos modelos de negócio, no ambiente técnico - pode criar laços de dependência ou promover a confiança a diferentes níveis.

Talvez se possa dizer que a pobreza não tem essencialmente a ver com dinheiro, mas antes com a exclusão das coisas de que uma pessoa depende. Depende dos meios que são necessários para o acesso. Nas sociedades modernas, este acesso tem sido estruturado em torno do dinheiro. O desenvolvimento da Internet permite novas formas de efetuar trocas que não dependem tanto do dinheiro. Em vez disso, podem depender mais do acesso às tecnologias e às redes sociais. Há também o risco de criar mais dependências em relação ao ambiente digital e aos fornecedores dessas tecnologias. A redução das dependências também reduziria alguns dos riscos de entrar na pobreza. A inclusão não consiste em encaixar toda a gente na mesma via de desenvolvimento, não existe apenas uma solução; em vez disso, deve ser possível viver de múltiplas formas e ter realidades plurais. Embora possamos viver em comunidades de alta tecnologia, também deve ser possível viver de outras formas. Criar uma dependência da tecnologia digital talvez não seja o melhor caminho a seguir. Inclusão significa tornar possível o acesso das pessoas e permitir as diferenças.

No contexto digital, a fronteira entre dinheiro e informação torna-se ténue; a informação é também um bem e um mecanismo de controlo, que tanto pode criar riqueza como pobreza. É por isso que o tratamento da informação e a criação de estruturas de gestão da informação influenciam as diferentes possibilidades das pessoas. A utilização de algoritmos na tomada de decisões, por exemplo, no caso da pontuação de crédito, pode criar mais exclusão para as pessoas com economias fracas, ao mesmo tempo que reforça a posição dos actores economicamente fortes. É por isso que também é importante permitir decisões pessoais e considerar outros aspectos para além das regras estabelecidas num sistema informático.

TIC, actividades em linha e consumo de energia

Algumas questões relacionadas com a sustentabilidade que foram destacadas no estudo do comércio em linha serão discutidas mais adiante. Em primeiro lugar, abordaremos a elevada necessidade de energia que o sector das TIC e as actividades em linha exigem. Este facto exerce pressão sobre os recursos naturais, recursos esses que são atualmente geridos de forma insustentável, o que tende a criar pobreza do ponto de vista da gestão dos recursos; diminui as possibilidades futuras de fornecimento de energia e de recursos. É urgente transformar a infraestrutura de fornecimento de energia a nível mundial para não destruir completamente o mundo, o que será o resultado das alterações climáticas, da perda de recursos naturais, dos danos causados ao ambiente natural, etc. Esta é uma das principais ameaças e riscos na atual sociedade de risco global. Há que analisar quais as dependências de padrões energéticos insustentáveis - ou sustentáveis - que estão incorporadas nas infra-estruturas desenvolvidas a nível mundial. Temos de ter em conta os efeitos das actividades humanas no mundo e ser mais responsáveis. Se assim não for, os nossos filhos não terão futuro. Esta é uma questão importante de confiança.

4. Enquadramento regulamentar

Numa perspetiva social, um dos instrumentos para promover determinados padrões é a regulamentação. Esta cria previsibilidade e uma norma a seguir pelos actores. Trata-se de um acordo sobre o que é aceite e o que não é. Isto contribui para uma confiança básica, em que os actores têm uma ideia do que podem esperar dos outros nas trocas. Além disso, existem mecanismos que podem defender a justiça, promovendo a paz, o que significa que não é necessário que todos se protejam. O ambiente regulatório não foi o foco deste estudo, mas alguns aspectos devem ser destacados aqui. Trata-se de um domínio que merece um estudo e uma atenção próprios.

Regulamentação e comércio eletrónico

Parece haver um problema frequente com corretores e empresas que enganam as pessoas. Muitos corretores mencionam a importância de ter uma licença e que as empresas sem ela podem basicamente fazer o que quiserem com o dinheiro das pessoas. Alguns corretores também referem que os regulamentos não são suficientemente eficazes e que foi solicitada mais investigação. Do ponto de vista dos arquivos e da ciência da informação, é relevante analisar a forma como a gestão de registos pode apoiar os quadros regulamentares e reduzir os riscos de crimes financeiros, fornecendo registos que podem ser utilizados como prova de transacções e actividades. É igualmente importante considerar os aspectos culturais para que a regulamentação seja eficiente e funcione no ambiente empresarial. Alguns corretores referem que a regulamentação existente está construída de tal forma que é difícil de aplicar. Além disso, muitos criminosos saem em liberdade e as maiores empresas encontram formas de contornar a regulamentação. Os ciberataques também são referidos como um problema comum. No Global Economic Crime Survey 2016 (Pwc, 2016), o cibercrime é identificado como o segundo crime económico mais comum e, além disso, a fraude é um problema comum. O Reino Unido é o segundo país da Europa Ocidental com mais crimes económicos e a Europa Ocidental é o segundo continente do mundo com mais crimes. Este facto é interessante devido às muitas empresas fraudulentas que afirmam estar sediadas em Londres. Poderá perguntar-se se elas estão representadas nestas estatísticas e quais são as condições que permitem um elevado nível de crimes económicos. As diferentes formas de criminalidade e manipulação constituem um problema não só para os consumidores, mas também para muitas empresas, especialmente as pequenas e médias empresas. Um mercado mais justo beneficiá-las-ia também.

Cada país tem a sua própria regulamentação e supervisor financeiro, e existem leis a nível da UE, como a MiFID (Diretiva relativa aos mercados de instrumentos financeiros). A CySEC (Cyprus Security and Exchange Coalition) é normalmente utilizada na Europa para obter uma licença. De acordo com um dos corretores entrevistados, uma licença implica segurança para o cliente porque torna a atividade legal. Por exemplo, significa que se pode demonstrar que o dinheiro ganho é legal e qual a sua origem.

Alguns mencionam que os regulamentos têm de ser mais rigorosos, enquanto outros afirmam que já se tornaram mais rigorosos, especialmente em certos países, e que se um corretor for apanhado a não cumprir os regulamentos, será imediatamente suspenso. Alguns corretores sugeriram que os supervisores financeiros deveriam ter mais direitos obrigatórios e realizar mais auditorias, e que as licenças podem dar uma falsa impressão de segurança, uma vez que as autoridades não têm controlo suficiente. Foi pedida uma maior transparência em relação aos clientes. Um dos corretores sugeriu que as empresas deveriam ter obrigatoriamente um escritório físico no país em que operam, que deveriam depositar uma determinada quantia de dinheiro num banco desse país e que a autoridade nacional de supervisão financeira deveria ter autoridade para controlar esse facto. Além disso, as empresas devem ser aceites pela autoridade nacional do país onde operam, e esta autoridade deve também ter um mandato para controlar as actividades das empresas e ter o direito de tomar medidas. Exemplos de medidas poderiam ser a escuta de chamadas telefónicas diárias, o acesso a registos e a garantia de que não pressionam os clientes a depositarem mais dinheiro do que aquele que têm, e também de que não prestam aconselhamento sem uma licença adequada. Um corretor argumentou ainda que os EUA são mais rigorosos em termos de não permitir que o dinheiro dos seus cidadãos vá para o estrangeiro, caso em que perderiam dinheiro dos impostos. Considerou que os EUA se preocupam mais com os seus cidadãos do que a UE, o que, segundo ele, se traduz em regulamentações diferentes. Um aspeto que também foi salientado é o facto de existirem outras actividades criminosas, para além das fraudes, ligadas ao mercado financeiro que são agora mantidas ocultas, o que constitui um grande risco também para os que trabalham no sector. Nas conversas sobre regulamentação, aqueles que não são regulados por organismos financeiros tendem a falar de colaboração com bancos e fornecedores de cartões de crédito, como se isso proporcionasse igual proteção para o cliente. Parece que alguns actores podem ser vistos como fornecedores de confiança e autoridade devido à sua dimensão no mercado. Podemos perguntar-nos em que é que isto se baseia realmente.

A regulação dos actores e das actividades contribui para criar confiança, previsibilidade e legitimidade, e para promover mercados sustentáveis, bem como para proteger os fundos dos investidores (Larsson & Wallerstedt, 2015). De acordo com Larsson e Wallerstedt (2015), desde meados da década de 1970 até à atualidade, houve um período de desregulamentação dos mercados financeiros. A força motriz por detrás desta situação foi a abertura a um mercado financeiro globalizado e a redução das barreiras às transacções. Durante este período, foi também identificado um aumento do risco no sistema financeiro. A autorregulação, o aumento da concorrência pelos clientes e os novos instrumentos financeiros são algumas das caraterísticas desta época. A crise financeira mundial de 2008-2010 teve efeitos significativos nas economias dos países, com grandes défices orçamentais em vários países, e foram tomadas medidas para salvar os bancos. Este facto levou a discussões sobre a regulação do mercado financeiro a nível internacional e sobre os requisitos impostos às empresas financeiras para aumentar a sua resiliência (Larsson & Wallerstedt, 2015). Como já foi referido, do ponto de vista dos arquivos e da ciência da informação, é relevante considerar a necessidade de registos que é exigida e solicitada. O rápido desenvolvimento tecnológico torna mais complexa a regulamentação, a elaboração de políticas e os requisitos de registos nos processos globais em linha, constituindo uma área de investigação futura.

Exemplo de procedimentos de reclamação

Segue-se um exemplo que pode ilustrar o processo para um cliente quando as coisas não funcionam como deviam numa empresa. Quando se tornou óbvio que o cliente não conseguiria levantar o dinheiro da conta de negociação, o caso foi denunciado à polícia. Segundo a polícia, provavelmente não poderia fazer nada, uma vez que o caso estava fora da sua jurisdição, ou seja, fora das fronteiras nacionais, o que complicou a situação. O caso foi também comunicado à autoridade de supervisão financeira, que tem uma lista das empresas que foram objeto de denúncia. Esta lista é partilhada com outras autoridades de supervisão financeira de outros países. Agradecem qualquer informação fornecida, uma vez que é um contributo para o seu trabalho. Mesmo que não leve a lado nenhum para o cliente num caso específico, contribui para o seu trabalho a nível estrutural, o que é benéfico para todos. A polícia também considera as denúncias valiosas, uma vez que são uma indicação dos problemas existentes e fornecem informações que podem melhorar o seu trabalho e argumentos para alterações na regulamentação. A Rede dos Centros Europeus do Consumidor também foi contactada. Estes centros podem representar os clientes em conversações com as empresas, mas não nos casos em que a empresa não tem um endereço físico. De acordo com a Rede dos Centros Europeus do Consumidor, casos como este, envolvendo empresas de fraude em linha, são quase impossíveis. As empresas que operam em linha podem facilmente encerrar o seu sítio Web e reaparecer com um novo. A polícia sugeriu que se pedisse um seguro ao banco, mas este remeteu para a companhia de seguros. A companhia de seguros não cobria fraudes, apenas roubo de identidade. Na sequência do relatório da polícia, concluiu-se que o caso se enquadra no âmbito do direito civil, o que implica que a pessoa em causa tem de prosseguir o processo por si própria, se quiser ir mais longe. Os representantes de algumas das autoridades comentaram que é importante que as pessoas estejam mais conscientes, sejam mais "espertas" e não se coloquem em situações de risco na Internet. De acordo com uma autoridade policial de um país europeu, o número de denúncias de fraude na Internet aumentou significativamente em 2016 (incluindo não só o comércio, mas também outros tipos de negócios e encontros em linha). As fraudes tendem a ser difíceis de resolver e demoram muito tempo. Os eurodeputados sublinham a importância de sensibilizar as pessoas para os riscos em linha, o que significa que a perceção do risco pelas pessoas é o maior risco. Além disso, é difícil saber com quem se está realmente a lidar no ambiente em linha. Os autores argumentam ainda que os casos de fraude em linha são diferentes da fraude tradicional, que se centra principalmente nas pessoas mais velhas. Hoje em dia, é mais comum que se concentre nos jovens, com as redes sociais a desempenharem um papel na publicidade e na comunicação direta com os telemóveis. Quanto à razão pela qual as pessoas confiam nestes actores, uma explicação é que as pessoas sob pressão financeira podem ser facilmente convencidas por um vendedor experiente.

A polícia comentou que seria bom se dispusesse de mais meios para utilizar nestes casos, tais como ter autoridade para encerrar contas bancárias, remover sítios Web e endereços de correio eletrónico, bloquear números e identificar e localizar o dinheiro envolvido. Um outro desafio é quando se trata de operações no estrangeiro. Outros aspectos que podem levar a uma melhoria são a capacidade de recolher dados úteis das vítimas, a colaboração com os fornecedores de cartões de crédito e de telefone, bem como com as autoridades financeiras. A polícia também comentou que o sistema de registo de empresas é fraco e barato; é fácil registar uma empresa quando não há postos de controlo.

Se a empresa for regulada, por exemplo, pela CySEC, são necessários procedimentos para as queixas dos clientes. Existe também um provedor ao qual o cliente pode recorrer para pedir uma indemnização. No entanto, na ausência de regulamentação, o cliente fica desprotegido se algo acontecer. É por isso que é importante que os clientes saibam quais as regras, termos e condições que aceitam. É igualmente importante estar atento, fazer escolhas mais conscientes e gerir os riscos a nível pessoal. Também é importante olhar para o problema numa perspetiva de risco estrutural/societal. Se um grande número de indivíduos numa sociedade acabar por ter dificuldades financeiras, isso torna-se um risco a nível público/societal. Se houver problemas estruturais no sistema económico, estes também devem ser abordados a nível estrutural. É por isso que também é relevante abordar estas questões politicamente, e não apenas deixá-las ao critério do indivíduo. As escolhas pessoais das pessoas podem afetar as sociedades no seu conjunto. Além disso, o quadro social cria condições estruturais para a ação dos indivíduos. A interação entre o nível social e o individual está a mudar com a digitalização, a globalização e a individualização, e deve ser clarificado quem é responsável por quê, e o papel da regulamentação e da tributação tem de ser recriado. Além disso, a fiabilidade no ambiente infotécnico em linha tem de ser melhorada. Vivemos numa era de possibilidades, mas as questões de responsabilidade não são claras. Isto implica também que existe um baixo nível de reação ao risco a diferentes níveis. A relação entre confiança, risco e responsabilidade está relacionada com estruturas de poder, custos e controlo e deve ser levada à consideração pública de um modo mais transparente.

A visão da UE para 2020

A Visão 2020 da UE afirma que uma das prioridades é restabelecer um sector financeiro sólido, estável e saudável, com cinco objectivos prioritários: melhorar os meios de supervisão do sector financeiro; promover a transparência e a responsabilização e colmatar as lacunas regulamentares; reforçar as regras de proteção dos consumidores; reforçar a governação das instituições financeiras; e melhorar o trabalho proactivo para atenuar os riscos de crises financeiras (Comissão Europeia, 2010, ponto 4.2). Seria interessante estudar quais das medidas acima referidas foram implementadas e quais as lacunas que ainda subsistem.

Perspectivas de um membro do Parlamento Europeu Foi entrevistado um representante do Parlamento Europeu com o objetivo de incluir uma perspetiva política. O representante pertence a um partido político, mas o foco foi o seu papel como representante democrático. O que foi referido como preocupação foi o facto de o desenvolvimento tecnológico ser muito rápido e de a política ter dificuldade em acompanhar. Desenvolvem-se coisas boas e más. O papel da política poderia ser o de considerar quaisquer problemas que possam ocorrer e reagir a tempo, embora seja difícil prever o futuro. A política pode também tomar medidas para proteger os consumidores e evitar situações de oligopólio. Temos também de reforçar a proteção dos dados pessoais na Internet. Haverá uma revisão das diretivas relativas à privacidade eletrónica e do regulamento sobre a proteção de dados, que incluirá também os telemóveis. Por exemplo, as empresas podem aceder a muita informação sobre os consumidores sem que eles saibam. Existe um lobby muito forte em relação a estas questões. O regulamento relativo à proteção de dados é o regulamento com o maior número de propostas de alteração, cerca de 4.000. Muitas delas foram redigidas por empresas, mas são promovidas por representantes políticos. Por exemplo, uma empresa escreveu 100 propostas de alteração, que foram submetidas a votação. Um número tão elevado de propostas torna o processo muito difícil e dificilmente se pode considerar correto que os políticos actuem em nome das empresas e não dos eleitores. O representante tem a impressão de que é provável um cenário semelhante no que respeita à legislação sobre a privacidade eletrónica. É necessária uma maior transparência em torno do lobbyismo na UE, algo em que se está a trabalhar no grupo político do representante. Outro problema é o facto de, nas negociações, os documentos não serem públicos. Apenas as pessoas com contactos têm acesso aos documentos, enquanto as outras empresas e organizações simplesmente não têm. O deputado quer dizer que se trata de um campo de jogo muito desigual, com muito secretismo, e que a forma de aceder à informação tem de ser repensada.

Está a ser discutida a questão de saber se deve ser permitido utilizar e revender dados pessoais como método de pagamento. Estas questões e as possibilidades de apagamento e eliminação de dados são discutidas em relação aos direitos dos consumidores. No entanto, a questão é juridicamente complicada. O representante também pediu melhores modelos para o financiamento da Internet, que atualmente

baseia-se principalmente no marketing. O acesso à informação e aos dados abertos pode criar novas possibilidades que podem ser utilizadas de forma construtiva, mas também temos de considerar os aspectos sensíveis da informação. O desenvolvimento da tecnologia e os robôs que controlam cada vez mais actividades em toda a sociedade exigem também uma maior atenção aos aspectos da segurança e da responsabilidade. O representante acredita que ainda não aprendemos como funciona o novo ambiente, que ainda existem muitos problemas, mas tem fé que serão desenvolvidas novas soluções.

5. Resumo dos desafios

Até à data, foram identificados vários desafios, mas este é ainda um quadro muito incompleto. No entanto, com base no que foi identificado, pode dizer-se que há muitos factores que interagem a diferentes níveis: a nível individual, empresarial, societal, sistémico e do sistema de informação. Estes factores dizem respeito a relações, estruturas, modelos, práticas, bem como a valores e normas, que afectam o modo como a confiança é criada, violada e reformulada no contexto em linha. Dizem igualmente respeito a ideias fundamentais sobre o modo como queremos moldar a sociedade, a questões relacionadas com a democracia e a governação a nível coletivo e à relação e empenhamento dos diferentes actores nesta matéria, à honra pessoal, à honra profissional, ao modo como somos afectados pelo contexto tecnológico e às escolhas que os diferentes actores fazem no ambiente em linha. Como podemos criar uma infraestrutura digital que promova a equidade, a honestidade e relações e trocas justas em toda a sociedade a nível mundial. Modo como os recursos da sociedade são geridos de modo responsável, promovendo a sustentabilidade - a nível individual, empresarial, social e planetário. Diz respeito a valores, atitudes e comportamentos em torno do dinheiro e das finanças, tanto a nível individual como empresarial e em toda a sociedade. Este estudo centrou-se principalmente no nível das relações cliente-empresa, mas desenrola-se num contexto social com um desenvolvimento tecno-financeiro global. Este facto está também associado a relações culturais complexas e interligadas, algo sobre o qual seria interessante aprofundar a compreensão. Como é que as relações internacionais históricas e contemporâneas estão relacionadas com o desenvolvimento informacional-tecnológico-financeiro no mundo. Que discurso é criado e mantido através dos sistemas económicos, afectando também outras áreas da vida. Quais são as possibilidades e os desafios que enfrentamos neste domínio e que escolhas podemos fazer para promover futuros sustentáveis. Em geral, a gestão dos nossos recursos financeiros comuns a nível mundial é insustentável. Temos de clarificar o que significa realmente um futuro financeiro sustentável e como pode ser criado - a nível individual, empresarial e social -

numa perspetiva global e holística. Que valores, regulamentos, políticas e práticas apoiariam futuros financeiros sustentáveis?

O quadro seguinte resume os desafios a diferentes níveis e as sugestões de tarefas que poderiam alterar a situação.

Nível	Desafio	Tarefa
Nível individual	Padrões de medo, ganância, inconsciência e stress em torno do dinheiro Valores em torno do dinheiro e do futuro financeiro	Acesso a informação e educação imparciais e fiáveis. Fornecer ferramentas para escolhas mais conscientes. Processos de reflexividade para aumentar a consciencialização Valores Meios para gerir os riscos de personalidade
	Conhecimentos e competências	Acesso a informação e educação imparciais e fiáveis. Proporcionar meios para adquirir conhecimentos e competências sobre o dinheiro e as diferentes opções financeiras
	Falta de confiança em si próprio Risco de ser usado e persuadido	Instrumentos para avaliar a fiabilidade das informações e dos actores. Acções de capacitação Reforçar a defesa psicológica
	Trabalho não razoável com relatórios fiscais	Automatizar o pagamento de impostos Melhorar a governação eletrónica no mercado financeiro
	Impossível saber em quem e no que confiar	Aumentar a transparência no mercado financeiro Melhorar os meios de supervisão das empresas financeiras
	A tecnologia é utilizada a favor das empresas e exclui os clientes do controlo dos seus próprios fundos	Desenvolver meios para os direitos dos consumidores Auditoria dos sistemas e funções informáticos Considerações sobre a conceção de TI
	Ambiente de alto risco	Acesso a informações imparciais e fiáveis Maior sensibilização Instrumentos de gestão Gestão de riscos pessoais
Nível	**Desafio**	**Tarefa**
Relações comerciais	Desinformação, desinformação,	Alinhamento dos valores e da ética nas

	mentira, batota	empresas, cultura organizacional Aumentar a transparência, também na tecnologia e nos algoritmos
	Medo, ganância e stress em torno dos investimentos	Consideração dos valores Aumentar a sensibilização Aumentar a confiança
	Aproveitamento de pessoas em situação vulnerável, utilização indevida de vantagens de mercado e abuso financeiro	Valores e objectivos empresariais Controlo interno e responsabilização
	Estruturas empresariais complexas Modelos de negócio	Garantir a proveniência dos registos Garantir a cadeia de preservação Valores e aspectos culturais relacionados com as responsabilidades e a gestão da informação. Clarificação da divisão de responsabilidades entre as partes colaboradoras Respeito pela regulamentação e impostos Políticas, procedimentos e práticas
	Gestão de dados pessoais	Respeito pela integridade das pessoas Coordenar os contactos com os clientes dentro das empresas Modelos comerciais orientados para o cliente e gestão da informação
	Utilização das tecnologias da informação e da comunicação como forma de controlar as relações comerciais e criar uma vantagem de poder	Conceção de soluções tecnológicas e de comunicação
	Atitudes, comportamentos e modelos empresariais desfavoráveis	Valores, atitudes, comportamentos e ética profissionais Honra e "codex" profissionais

Nível	**Desafio**	**Tarefa**
Nível societal	Elevado grau de fraude e outras actividades criminosas. Desrespeito e/ou falta de compreensão das regulamentações democráticas e fiscais. Regulamentação insuficiente O domínio financeiro põe em causa a base democrática das sociedades	Melhorar os meios de supervisão e intervenção Capacidade de resposta à digitalização Considerar os processos de prestação de informação na elaboração de políticas Abordagem proactiva e colaboração Estabelecer valores comuns Clarificar as responsabilidades dos indivíduos, das empresas e do domínio de decisão política

	Falta de perspetiva holística	Fornecimento de informação e investigação fiáveis ao domínio de decisão política Requisitos de registo Aspectos culturais
	Risco elevado do ponto de vista do cidadão	A governação eletrónica na perspetiva do cliente/cidadão Valores centrados no cliente Meios para os direitos dos consumidores
	Risco elevado de crises financeiras	Gestão de registos para permitir a gestão de riscos a diferentes níveis: individual, empresarial, social Meios de controlo e de auditoria
	Consumo de energia das actividades em linha	Utilização de energia sustentável e investimento em soluções energéticas sustentáveis
	Os valores e normas sociais sobre o dinheiro e o futuro financeiro podem criar stress, ganância, medo e concorrência a diferentes níveis	Consideração dos valores sobre os futuros desejados que são gerados e expressos em objectivos e estratégias.
Nível	**Desafio**	**Tarefa**
Sistema de informação	Infra-estruturas digitais para a fiabilidade	Melhorar e desenvolver-se nos domínios, por exemplo, da Gestão de registos Cibersegurança Conceção informática Governação da informação e das TI Questões de privacidade Cultura da informação Transparência
	Riscos digitais e considerações éticas A digitalização molda novas relações de poder e cria desafios relacionados com o desenvolvimento sustentável	Investigação sobre as consequências do desenvolvimento tecnológico relacionadas com os riscos, a ética, a sustentabilidade e as relações de poder

Quadro 1. Resumo dos desafios do comércio em linha a diferentes níveis.

PARTE 3 - CONTRIBUIÇÃO ARQUIVÍSTICA NUMA REALIDADE INFORMACIONAL COMPLEXA

"Os arquivos ajudam-nos a conhecer o passado, a compreender o presente e a preparar o futuro"

(Jimerson, 2009, p. xiv)

6. Contribuição arquivística

Na sequência desta discussão sobre os desafios do comércio em linha, da confiança e da globalização, a presente secção trata do contributo que os arquivos e as ciências da informação podem dar neste contexto. Uma das principais áreas de preocupação dos arquivos e das ciências da informação é a confiança, a autenticidade e os registos como facilitadores da responsabilização. A confiança tem desempenhado um papel muito central nas sociedades desde há séculos, tendo-se tornado algo que é frequentemente considerado um dado adquirido. É uma daquelas coisas que "devia simplesmente funcionar" e que se nota quando não funciona. Para além da digitalização, há muitas coisas que têm de ser recriadas para responder aos desafios contemporâneos, e este livro procura destacar áreas de melhoria, aprofundar a investigação e criar consciência do contexto em linha. Os arquivos e os registos são também uma parte importante na criação de estruturas informativas e relações de poder, o que é importante ter em conta no trabalho com registos e arquivos. Faz parte da formação e remodelação das estruturas sociais.

A teoria científica é algo que pode ser utilizado para compreender fenómenos, padrões, desafios e muito mais. Também pode ser utilizada para formular estratégias, mudar as coisas e criar um entendimento e uma direção comuns, uma base comum para a ação. Ao criar um entendimento e uma prática comuns, pode servir de base a uma perceção e criação comuns da realidade. As teorias arquivísticas dizem respeito à compreensão e à criação de condições de fiabilidade, autenticidade, fiabilidade, responsabilidade, transparência e responsabilidade dos e pelos registos. Assumem uma perspetiva de longo prazo e, como tal, incluem uma mentalidade de sustentabilidade.

Registos e arquivos

Os registos e arquivos são informações com determinadas propriedades. Trata-se de informação criada em processos empresariais e que pode ser utilizada como prova de transacções, actividades e decisões. Os registos podem ser definidos como "informação criada, recebida e mantida como *prova* e como um ativo por uma organização ou pessoa, na prossecução de obrigações legais ou na *transação* de negócios" (ISO 15489-1:2016, p. 2). Neste contexto, a prova é entendida como a documentação de uma transação e a transação é uma troca entre duas ou mais partes ou sistemas num processo empresarial (ISO 15489-1:2016, p. 3). De acordo com a definição da ISO, os registos são tanto provas de actividades empresariais como activos de informação. O conceito de negócio inclui não só empresas privadas, mas também o domínio público. Quando se fala de provas, não se trata apenas do tipo de provas que podem ser utilizadas nos tribunais em processos judiciais. Tem um significado mais lato e refere-se a ser visto como documentação fiável de ocorrências. Isto significa que pode ser utilizada para resolver conflitos; quando as pessoas têm opiniões diferentes, os registos e arquivos podem ser utilizados como "declarações imparciais". Nos casos em que duas partes não estão de acordo uma com a outra, podem concordar com o que os registos dizem. Os registos transmitem informação probatória ao longo do tempo e do espaço e podem ser partilhados entre muitas pessoas, à distância e no tempo. Devido ao seu valor probatório, os registos e arquivos são utilizados em processos de responsabilização, para reivindicar direitos e obrigações, para fins operacionais, comunicando decisões autorizadas, permitindo a transparência e os processos democráticos, reflectindo sobre ocorrências passadas e proporcionando uma compreensão histórica. Contribui para a formação de políticas eficazes e para o funcionamento das actividades empresariais, para a tomada de decisões informadas, para a gestão de riscos, para a capacidade de demonstrar a responsabilidade empresarial, para fontes de investigação e educação, para a formação de expressões culturais comuns e memórias colectivas, entre outros (ISO 15489-1:2016, p. vi).

Quando os registos de actividades, direitos e obrigações são organizados e mantidos por pessoas e organizações, formam arquivos. "Os arquivos referem-se a informações ou documentos que emergem das actividades oficiais ou pessoais desenvolvidas por uma organização ou pessoa" (Hofman, 2005, p. 133). É comum que as pessoas associem os arquivos a documentos antigos em papel, mas ele inclui muito mais do que isso. Tem a perspetiva de preservação a longo prazo, pelo que inclui registos antigos, e ao mesmo tempo lida com registos contemporâneos, bem como com o planeamento da criação de registos futuros. Os registos e arquivos podem também ter diferentes formas e não são apenas documentos escritos. Um registo pode ser, por exemplo, uma publicação numa base de dados, uma mensagem no Twitter, uma mensagem de correio eletrónico ou um post de blogue (Millar, 2017) ou uma gravação de áudio e vídeo. Com o desenvolvimento digital, a forma dos registos muda, tal como muda a natureza da comunicação e do intercâmbio entre as pessoas. Isto cria novas possibilidades de divulgação de registos e arquivos, mas também desafios, como questões relacionadas com a sua autenticidade, fiabilidade e integridade. A par das questões relativas às "verdades" e às "verdades alternativas" e àquilo em que efetivamente concordamos e temos em comum. A questão de saber quem detém a verdade está intimamente relacionada com as relações de poder. A manipulação de provas e a exigência de legitimidade de certos factos podem ser vistas ao longo da história como parte da obtenção de controlo e de uma posição de poder (Millar, 2017). A disponibilização de registos imparciais e fiáveis tem sido, desde há muito tempo, uma tarefa importante dos arquivos. A questão não é apenas o que é preservado, mas também o que está em falta e é destruído. Os "arquivos" não são apenas as colecções existentes nas instituições de arquivo, mas existem também na Internet. A questão é saber quem tem o controlo disso?

Para poderem ser utilizados como provas, é importante a forma como os registos e os arquivos são criados e geridos. Os arquivistas e os profissionais de gestão de registos têm sido vistos como detentores ou guardiões de confiança, terceiros neutros que asseguram a autenticidade dos registos.

Porque é que criamos e mantemos registos?

Os registos são criados e mantidos por diferentes razões. São parte integrante das actividades em muitos processos e tornam-se provas e memória dessas actividades, podendo ser utilizados como fontes imparciais para compreender os acontecimentos. Os registos podem também ser criados para fins de organização da informação, desenvolvimento do conhecimento e "estruturação" do mundo; na comunicação com os outros; e como base para tomar decisões informadas. Os registos e arquivos podem ser vistos como sistemas de armazenamento de informação fiáveis, socialmente aceites e que garantem informação fiável e exacta que pode ser transmitida à distância e no tempo. Os registos são criados para garantir que os acontecimentos, decisões e acções possam ser recordados e relembrados no futuro e a distâncias em que a comunicação direta entre as pessoas não é conveniente ou viável. Isto também permite a divulgação e a comunicação de conhecimentos, pensamentos e experiências à distância e no tempo. As memórias, a cultura e os acordos têm sido confiados a registos escritos desde a antiguidade (Jimerson, 2009, p. 26). O desenvolvimento digital e as tecnologias de comunicação abrem novas oportunidades para a comunicação direta entre pessoas a distâncias geográficas. Isto é algo que pode ser visto no comércio em linha, onde é comum, por exemplo, partilhar o ecrã, para que uma pessoa possa mostrar à outra o que está a fazer no ecrã. Isto cria um "espaço" comum para os actores, onde podem estar ao mesmo tempo e ver as mesmas coisas. É uma forma de criar ligações mais estreitas. Trata-se de uma estratégia para criar confiança com base na ideia de que se uma pessoa pode ver algo com os seus próprios olhos, aqui e agora, pode confiar. Em termos de fiabilidade da informação, o facto de se poder ver algo num ecrã em tempo real não significa que se possa confiar. Devido ao uso frequente de mentiras, isso não é suficiente. No entanto, é uma forma de criar uma ligação mais próxima, um espaço comum com experiências comuns em tempo real, mesmo que as pessoas envolvidas estejam fisicamente em locais diferentes. A forma como as pessoas criam confiança e gerem as relações muda à medida que a tecnologia se desenvolve.

Arquivos e poder

Os arquivos podem ser vistos como locais de poder, autoridade, controlo, interpretação e mediação, como locais de produção de conhecimento e de criação de memória, bem como como recursos. Dão forma a relações e processos políticos, económicos e culturais e transmitem e incorporam o poder. As instituições sociais, como o governo e a administração pública, o direito, o comércio, a ciência e a religião, dependem dos registos para atingir os seus objectivos (Jimerson, 2009). Podem ser utilizados para efeitos de aplicação da lei, para reivindicar direitos de propriedade e para fazer valer o conhecimento e a verdade. As ideias pós-modernas levaram a uma discussão sobre as subjectividades e as relações de poder relacionadas com os arquivos, bem como sobre a noção de prova (Millar, 2017). Os arquivos funcionam como um poder estabilizador e são a expressão de uma luta pelo sentido e pela ordem, que criam continuamente. A criação de arquivos produz poder, tal como a sua utilização.

Segundo Derrida

"não há poder político sem controlo do arquivo, se não da memória. A democratização efectiva pode sempre ser medida por este critério essencial: a participação e o acesso ao arquivo, à sua constituição e à sua interpretação" (Jimerson, 2009, p. 132).

Ao longo da história, o controlo dos arquivos tem sido utilizado para exercer o poder. Jimerson (2009) discute as ideias de Orwell sobre o controlo da "verdade" através da destruição e alteração de arquivos como forma de controlar as pessoas. Orwell argumentou ainda que a mentira organizada é uma caraterística dos regimes totalitários e que a preservação de registos autênticos e fiáveis é uma das acções mais importantes para contrariar a propaganda. Sem registos fiáveis, advertiu, "[n]ão há forma de verificar os factos, nem sequer se tem a certeza absoluta de que aconteceram, e são-nos sempre apresentadas interpretações totalmente diferentes de fontes diferentes" (Jimerson, 2009, p. 146). Os governos não são a única parte que utiliza o controlo da informação como forma de controlar as pessoas e estabelecer uma posição de poder. Diferentes actores utilizam a informação como meio de poder e controlo, o que cria uma situação complexa em que pode ser difícil saber em quem e no que confiar. Numa sociedade em que a informação é vista como uma matéria-prima nos processos económicos, o controlo da informação adquire um significado ainda maior e torna-se uma forma de atribuição de recursos. Na atual sociedade global da informação, o controlo da informação e das TI pode ter influência sobre as pessoas. Os registos têm significados e influenciam as percepções. São moldados pelos interesses das pessoas envolvidas na formação, contextualização e utilização dos registos ao longo do tempo, intencionalmente e não intencionalmente, para além de serem moldados social e tecnicamente (Lemieux, 2001). Quer haja intenções conscientes ou inconscientes, as pessoas são influenciadas pela informação que encontram no ambiente digital e na qual baseiam as suas decisões.

Os arquivos podem também transmitir informações ao longo do tempo e à distância, o que influencia não só a nossa perceção do passado e do que é criado no presente, mas também o futuro. Têm um papel na formação dos valores sociais e das percepções colectivas da realidade. Estas são questões importantes nas decisões arquivísticas sobre que registos criar e preservar para o futuro, e quem deve ter acesso a eles, de que forma e quando. Que orientações para o futuro são formuladas nos e através dos arquivos e das práticas de arquivo? Na atual sociedade global e em linha, podemos questionar quem controla o "arquivo", particularmente numa sociedade em que a informação é vista como o ativo e o recurso em processos que geram dinheiro, bem como o controlo de diferentes funções sociais, que é basicamente a infraestrutura que está prestes a ser desenvolvida. Cada peça por si só pode não parecer significativa, mas no seu conjunto, que estruturas são criadas? Onde está o poder e que histórias são criadas sobre a vida e o viver contemporâneos que influenciam a perceção da realidade? Há alguém atualmente envolvido na mentira organizada e que tipo de mundo pretende criar? Quais são os riscos do totalitarismo atual e como podemos evitá-lo? Quem controla a informação e quais são os seus interesses? Num contexto em que a informação é utilizada como base para decisões, é crucial ter acesso a informação imparcial, autêntica e fiável. Caso contrário, podem ter efeitos devastadores de várias formas. Uma das razões pelas quais tantos clientes estão a perder dinheiro no comércio em linha pode ser o facto de basearem as suas decisões em informações que não são fiáveis. Por vezes, devido a mentiras e manipulações intencionais e, por vezes, devido à falta de conhecimentos e de informações completas. O que muitos corretores afirmam, que muitos clientes são "estúpidos", pode dever-se tanto à falta de conhecimentos, à falta de informações fiáveis, como a juízos de valor daqueles que não têm os conhecimentos profissionais daqueles que os tomam como garantidos.

Alguns defendem que o papel do arquivista é promover a justiça social, a responsabilidade, a responsabilização democrática e a capacitação. Os registos podem ser utilizados para promover a transparência, a responsabilidade, a diversidade e a justiça social - e podem ser utilizados para oprimir e controlar os outros, os processos e o discurso público. Podem ser utilizados tanto para a inclusão como para a marginalização (Jimerson, 2009, p. 243). Nos debates sobre o poder e o controlo, este é frequentemente associado a sistemas de regras. A questão é saber quem é que as regras servem e que valores promovem.

Registos, regras e responsabilidades

Os registos são partes importantes dos sistemas reguladores, uma vez que podem ser utilizados como prova de acções e transacções para avaliar o cumprimento ou a violação pelos actores das regras consideradas vinculativas por uma comunidade. Em todos os grupos sociais surgem certas regras para as relações, bem como normas e valores sociais que orientam e influenciam as acções das pessoas através de diferentes mecanismos. As regras formais e as normas sociais podem apoiar-se e desafiar-se mutuamente e são moldadas culturalmente. As regras podem ser desenvolvidas de diferentes formas.

"Cada grupo social assegura um desenvolvimento ordenado das relações entre os seus membros através de regras. Algumas das regras da vida social resultam do consentimento ad hoc de um pequeno número de pessoas; outras são estabelecidas e aplicadas por uma "instituição", isto é, por um corpo social firmemente assente em necessidades comuns e dotado dos meios e do poder para as satisfazer. Estas últimas regras são obrigatórias; a sua violação implica uma sanção ou pena. Um grupo social fundado num princípio de organização que confere à(s) sua(s) instituição(ões) a capacidade de estabelecer regras obrigatórias é um sistema jurídico. Assim, um sistema jurídico é uma coletividade organizada com base num sistema de regras. O sistema de regras é chamado de sistema jurídico". (Duranti, 1989-1990, p. 5)

A existência de regras comuns e de meios de sanção em caso de violação das mesmas forma um entendimento comum do que os actores podem esperar uns dos outros, sendo, por conseguinte, uma parte crucial do desenvolvimento da confiança no seio dos grupos sociais. São desenvolvidos processos para resolver litígios em torno de condutas humanas. Nestes processos, os registos desempenham um papel importante ao fornecerem meios que podem ser utilizados como prova do que foi feito ou não pelos diferentes actores. Na discussão sobre "verdades" e "verdades alternativas", a preocupação neste contexto está relacionada com as acções e condutas das pessoas, de modo a poderem reivindicar ou atribuir responsabilidades. Relacionado com os sistemas jurídicos;

"um facto jurídico é um acontecimento, produzido intencionalmente ou não, cujos resultados são tomados em consideração pelo sistema jurídico em que ocorre.

(---) um facto jurídico pode resultar tanto de uma causa humana como de uma causa natural" (Duranti, 1989-1990, p. 5-6).

Os factos humanos que resultam de uma vontade são considerados actos ou acções. Os actos podem ter ou não um significado jurídico, dependendo da sua relevância no contexto normativo em causa (Duranti, 1989-1990). A prova é a relação entre um facto a provar e o facto que o prova. Os registos podem ser utilizados como prova de actos. Mas também é necessário saber o que se quer provar, caso contrário não se pode saber que registos o provarão ou como (Duranti, 2017).

Para se poderem fazer juízos justos sobre um acontecimento, é importante saber se se pode confiar nele. A análise diplomática de documentos de arquivo (ou registos) tem sido utilizada para inferir da sua forma a veracidade do documento enquanto representação de factos (ou seja, a sua fiabilidade) ou enquanto registo (ou seja, a sua autenticidade). É também feita uma distinção entre documentos inautênticos e falsos. A inautenticidade é a ausência de pré-requisitos de autenticidade, enquanto a falsidade envolve a presença de elementos que não correspondem à realidade. Estes elementos podem ser intencionalmente ou não intencionalmente falsos. As regras e processos relativos à criação e gestão dos registos são factores importantes para garantir a fiabilidade dos registos. Os elementos da forma documental, como as assinaturas e as datas, são utilizados para assumir a responsabilidade pelo conteúdo do registo e informar que os processos foram realizados de forma controlada pelos intervenientes para garantir a fiabilidade do registo (Duranti, 1989-1990).

No centro dos registos e dos actos estão as pessoas envolvidas, quer como actores quer como participantes na criação do registo. Uma pessoa é uma entidade com direitos e deveres no sistema jurídico em que se insere. O autor é a pessoa que tem a autoridade e a capacidade para emitir o registo e por quem, em nome de quem ou por ordem de quem o registo é emitido; pode ser um indivíduo, uma instituição ou qualquer coleção ou sucessão de indivíduos ou propriedades (por exemplo, o património de um indivíduo é legalmente uma pessoa). O redator é a pessoa responsável pela articulação do conteúdo do registo. O destinatário é a pessoa a quem o registo se destina, tal como expresso na forma documental.

Há sempre um destinatário de um registo porque o registo é o resultado de acções, que recaem sempre sobre alguém. As acções podem ser recíprocas, o que significa que duas ou mais partes são autores e destinatários. Pode haver diferentes autores para o registo e para a ação, bem como diferentes destinatários para um registo e para a ação. Os papéis são importantes porque estão relacionados com a responsabilidade e a competência. "A responsabilidade é a obrigação de responder por um ato. (...) Competência é a autoridade e a capacidade de realizar um ato" (Duranti, 1990, p. 8). As responsabilidades e a competência são também elementos importantes nos processos de confiança relacionados com as profissões. Numa situação de investimentos, por exemplo, um leigo (enquanto cliente) espera provavelmente que um profissional tenha competência no domínio dos investimentos, o que constitui uma razão para confiar nos conselhos do profissional em termos de investimentos. O cliente também espera provavelmente que o profissional assuma determinadas responsabilidades e não fique, por exemplo, com o dinheiro e o utilize para si próprio. Por conseguinte, as responsabilidades são frequentemente controladas de alguma forma através de supervisão ou auditoria. Os papéis explícitos das pessoas nos registos são também importantes para estabelecer a sua proveniência e significado para fins históricos. A capacidade dos registos para servirem de prova de actos também os torna fontes históricas fidedignas.

Caraterísticas dos registos enquanto provas fiáveis e fidedignas

Os registos têm sido utilizados como prova ao longo da história, e a garantia da sua fiabilidade é um aspeto fundamental da gestão de registos e arquivos. À medida que o suporte e o formato dos registos foram mudando ao longo do tempo, surgiram diferentes desafios para garantir a fiabilidade dos registos. Com a digitalização, há mais riscos para a autenticidade dos registos e para a sua alteração, intencional ou não (InterPARES 2001). Este facto tem sido motivo de grande preocupação para os profissionais de arquivo, bem como para a comunidade dos arquivos e das ciências da informação. A investigação é levada a cabo e são desenvolvidas normas e requisitos, tendo sido definidas certas qualidades e caraterísticas dos registos fiáveis.

"Em arquivística, os documentos são considerados fiáveis se forem fiáveis, exactos e autênticos. A fiabilidade é definida como a fiabilidade de um registo enquanto declaração de factos, com base na competência do seu autor, na sua exaustividade e nos controlos da sua criação; a exatidão é definida como a correção e a precisão do conteúdo de um registo, com base no acima exposto e nos controlos da gravação do conteúdo e da sua transmissão; e a autenticidade é definida como a fiabilidade de um registo enquanto registo, o que significa que os registos são o que pretendem ser, isentos de adulteração ou corrupção, com base na competência do(s) seu(s) detentor(es) ao longo do tempo (i. e. criador e/ou preservador) e na fiabilidade do(s) sistema(s) de registos em que residem.ou seja, o criador e/ou o preservador) e na fiabilidade do(s) sistema(s) de registos em que reside(m). A autenticidade é composta tanto pela identidade como pela integridade, em que a identidade é o conjunto dos atributos de um registo que o caracterizam como único e o distinguem de outros registos (por exemplo, data, autor, destinatário, assunto, código de classificação), e a integridade é a qualidade de um registo capaz de transmitir exatamente a mensagem que se destina a comunicar para atingir o seu objetivo" (Duranti & Rogers, 2012, p. 525)

No centro do conceito de autenticidade está a determinação da origem dos registos e da sua genuinidade. É importante saber quem criou o registo, quando, sobre o quê, a quem se dirige, quais eram os procedimentos quando foi criado, se o conteúdo é exato, completo e não foi manipulado ou alterado.

Basicamente, trata-se de estabelecer que os registos dizem respeito ao acontecimento que alegam, que as pessoas mencionadas são as pessoas envolvidas, que a informação não foi alterada de alguma forma ou que faltam partes cruciais, e que o conteúdo é de confiança e manifesta o que realmente aconteceu. Em relação ao caso do comércio em linha, a manipulação da identidade dos intervenientes foi um dos problemas identificados. Os nomes falsos, bem como outras informações falsas, fazem parte da prossecução de actividades fraudulentas. O conteúdo pode ser manipulado, o que diz respeito à fiabilidade e precisão, e pode não ser completo, o que se relaciona com aspectos de integridade. O tempo é algo importante no domínio e está relacionado tanto com a informação sobre a autenticidade (hora correta da informação) como com o acesso à informação no momento certo, o que se relaciona com a usabilidade. Para que o ambiente em linha funcione e seja fiável, estes aspectos têm de ser assegurados. Devido à obsolescência da tecnologia e à facilidade de alteração e manipulação dos dados, as qualidades acima referidas devem ser consideradas com algum cuidado. Os maiores riscos e desafios são durante a transmissão (entre sistemas e/ou pessoas) e ao longo do tempo (atualização de sistemas ou migrações para novos sistemas) (Bearman, 2006). As frequentes mudanças tecnológicas e a complexidade dos processos, em que estão frequentemente envolvidos muitos actores, implicam desafios complexos. É, pois, crucial assegurar a chamada *cadeia de preservação*, em que todos os intervenientes assumem a responsabilidade pela manutenção da autenticidade, fiabilidade, integridade e usabilidade dos registos. A clarificação das funções e responsabilidades, bem como o controlo dos registos, são, por conseguinte, importantes para garantir a fiabilidade de todos os processos. No ambiente digital, onde os diferentes processos são automatizados, os metadados desempenham um papel importante na garantia das qualidades mencionadas (Duranti, 2009).

Na norma ISO sobre gestão de registos (ISO 15489-1:2016), são realçadas quatro qualidades dos registos: autenticidade, fiabilidade, integridade e facilidade de utilização, que são definidas da seguinte forma.

Autenticidade

"Um registo autêntico é aquele que pode ser provado como: sendo o que pretende ser; tendo sido criado ou enviado pelo agente que supostamente o criou ou enviou; e tendo sido criado ou enviado quando pretendido. As regras, processos, políticas e procedimentos comerciais que controlam a criação, captura e gestão de registos devem ser implementados e documentados para garantir a autenticidade dos registos. Os criadores de registos devem ser autorizados e identificados" (ISO 15489-1:2016, p. 4)

Fiabilidade

"Um registo fiável é aquele em cujo conteúdo se pode confiar como representação completa e exata das transações, atividades ou factos que atestam; e do qual se pode depender no decurso de transações ou atividades subsequentes. Os registos devem ser criados no momento do evento a que se referem, ou pouco depois, por indivíduos que tenham conhecimento direto dos factos, ou por sistemas utilizados habitualmente para realizar a transação" (ISO 15489-1:2016, p. 4)

Integridade

"Um registo que tem integridade é um registo completo e inalterado. Um registo deve ser protegido contra alterações não autorizadas. As políticas e procedimentos para a gestão de registos devem especificar quais os aditamentos ou anotações que podem ser feitos a um registo depois de este ter sido criado, em que circunstâncias esses aditamentos ou anotações podem ser autorizados e quem está autorizado a fazê-los. Qualquer anotação, adição ou eliminação autorizada de um registo deve ser explicitamente indicada e rastreável" (ISO 15489-1:2016, p. 5)

Usabilidade

"Um registo utilizável é um registo que pode ser localizado, recuperado, apresentado e interpretado num período de tempo considerado razoável pelas partes interessadas. Um registo utilizável deve estar ligado ao processo ou transação comercial que o produziu. Devem ser mantidas as ligações entre os registos que documentam as transacções comerciais. Os metadados para registos devem apoiar a usabilidade, fornecendo informações que podem ser necessárias para os recuperar e apresentar, tais como identificadores, formato ou informações de armazenamento" (ISO 15489-1:2016, p. 5)

É também referido que *os sistemas* de registos fiáveis devem ter a capacidade de apoiar regularmente a criação, a captura e a gestão de registos com as qualidades acima mencionadas, de forma segura e em conformidade com os regulamentos e as jurisdições. Além disso, devem ser apoiados por políticas de requisitos de registos, tendo em conta as necessidades do negócio, os requisitos legais e regulamentares e as expectativas da comunidade ou da sociedade (ISO 15489-1:2016, p. 12).

As questões da autenticidade, da preservação a longo prazo e da confiança têm sido uma preocupação central para a comunidade de investigação arquivística a nível internacional, tendo sido abordadas particularmente no âmbito do programa de investigação InterPARES (International Research on Permanent Authentic Records in Electronic Systems) (www.interpares.org) e InterPARES Trust (https://interparestrust.org/). O InterPARES tem sido realizado desde 1998, em diferentes fases, tendo como diretora a professora Luciana Duranti. No projeto, foram desenvolvidas teorias, métodos e quadros de referência para apoiar a preservação a longo prazo de registos digitais autênticos e fiáveis, e para aumentar as capacidades e competências dos arquivistas.

O InterPARES 1 (1998-2001) centrou-se no desenvolvimento de teoria e métodos para assegurar a preservação permanente de registos autênticos. No projeto, foram abordados os registos digitais em bases de dados e sistemas de gestão de escritórios em actividades administrativas. O projeto tinha a perspetiva do preservador de registos. O InterPARES 2 (2002-2007) pretendia continuar a desenvolver teorias e métodos para a preservação a longo prazo de registos autênticos, no contexto de sistemas de informação experienciais, interactivos e dinâmicos, nos domínios da governação, do direito, da arte, da ciência e dos estudos, a fim de dar resposta às diferentes condições e requisitos da preservação digital. Os registos foram estudados na perspetiva do seu criador. O InterPARES 3 (2007-2012) aplicou e testou os resultados do InterPARES 1 e 2, com o objetivo de implementar programas de apoio à criação e preservação de registos autênticos, fiáveis e exactos (www.interpares.org). Uma preocupação central foi a de abordar diferentes condições e as soluções têm de se adequar às condições reais, incluindo quadros regulamentares e administrativos, caraterísticas da organização/pessoa que cria os registos, caraterísticas do material, recursos financeiros e humanos disponíveis, cultura organizacional e presença de profissionais com formação (Duranti, 2007).

O InterPARES Trust (2013-2018) aborda questões relacionadas com os registos digitais em ambientes de rede em linha interligados. O projeto tem como objetivo desenvolver quadros teóricos e metodológicos para apoiar políticas, procedimentos, regulamentos, normas e legislação para registos digitais a nível local, nacional e internacional. Isto "a fim de garantir a confiança do público com base em provas de boa governação, uma economia digital forte e uma memória digital persistente" (www.interparestrust.org). Há cerca de 500 participantes de países dos 6 continentes do mundo, de diferentes disciplinas, incluindo universidades, arquivos e bibliotecas, instituições públicas, agências intergovernamentais e transnacionais e empresas, com mais de 300 investigadores e assistentes de investigação graduados.

Um dos projectos do InterPARES Trust consiste em desenvolver um modelo de preservação de registos na nuvem que garanta a autenticidade. Este modelo tem em conta o facto de as responsabilidades pela preservação poderem ser distribuídas, de poderem estar envolvidos vários intervenientes e de os registos poderem ser movimentados através de diferentes sistemas e tecnologias. O modelo, PaaST, tem determinados requisitos funcionais para assegurar serviços de preservação que, por sua vez, garantem a autenticidade dos registos. O modelo baseia-se principalmente no modelo OAIS, bem como no modelo da cadeia de preservação (COP), "ou seja, um sistema de controlos que se estende ao longo de toda a vida dos registos e garante a sua identidade e integridade" (Michetti, 2015, p. 466). No entanto, diferencia-se do OAIS de várias formas e, enquanto o OAIS é um modelo de referência, o PaaST inclui requisitos funcionais e implementação técnica.

Algo que também tem sido discutido é a investigação forense de registos digitais, que é uma colaboração entre diferentes domínios que utilizam técnicas, métodos e teorias forenses, combinados com requisitos de autenticidade e fiabilidade dos registos. O objetivo é promover sistemas digitais que garantam proactivamente a autenticidade e a fiabilidade dos registos e aumentem as possibilidades de rastreabilidade, responsabilização e transparência (Duranti, 2009). Este aspeto pode ser interessante para a conceção de sistemas informáticos no domínio financeiro, que apresentam um elevado nível de risco de corrupção, branqueamento de capitais e fraude.

Em suma, os registos são activos de informação e provas de transacções que podem ser utilizados ao longo do tempo e à distância por vários intervenientes, para diferentes fins, desde que sejam asseguradas as suas qualidades de autenticidade, fiabilidade, integridade e facilidade de utilização. A gestão dos arquivos e dos registos assegura a criação e a gestão fiáveis dos registos e dos arquivos, bem como a preservação das suas qualidades probatórias ao longo do tempo e à distância.

Com o desenvolvimento digital e a evolução dos ambientes e modelos empresariais, as responsabilidades pelos registos ultrapassam as fronteiras organizacionais e jurisdicionais tradicionais. Isto exige ainda que os profissionais dos arquivos compreendam e satisfaçam uma gama diversificada de necessidades de um conjunto igualmente diversificado de partes interessadas, frequentemente em ambientes de colaboração e multijurisdicionais. Isto pode incluir uma maior exigência de transparência, acesso e serviços aos utilizadores, devido às maiores possibilidades de utilização e reutilização dos registos. É fundamental ter funções e responsabilidades atribuídas, processos e procedimentos sistemáticos e melhorias contínuas (ISO 15489-1:2016) em contextos em que as exigências e o interesse no acesso aos documentos, numa perspetiva democrática, de inovação, de interesses económicos, de supervisão e outros, podem variar. É esta a situação em que os arquivistas e os gestores de registos têm de navegar, algo que também deve ser discutido com as diferentes partes interessadas.

O conhecimento arquivístico é constituído por teorias, métodos e práticas que remontam aos tempos da Suméria. Embora as tecnologias e os meios tenham mudado, os mesmos conceitos e princípios fundamentais continuam a ser fulcrais. O estudo dos arquivos e dos registos está relacionado com os domínios social, económico, jurídico e técnico, o que determina as condições, o papel e a natureza dos arquivos e dos arquivistas, bem como da investigação arquivística. A disciplina arquivística é "de âmbito internacional, multidisciplinar na abordagem, interdisciplinar no conteúdo e interactiva no processo" (Duranti & Michetti, 2017, p. 92). Penso que é mais necessária do que nunca, uma vez que estão a ocorrer grandes mudanças em todo o mundo, com possibilidades e desafios, desenvolvimento de estruturas informacionais globais, incertezas e desafios de confiança nas instituições e funções sociais, e maiores exigências de responsabilidade e transparência. Neste desenvolvimento, precisamos de pesquisas que analisem os desafios da globalização, digitalização e gestão, controlo e acesso aos registos relacionados com as mudanças, desafios e possibilidades da sociedade (Duranti & Michetti, 2017). A análise dos processos no ambiente em linha faz parte deste processo, sendo o comércio em linha um exemplo que levanta questões relacionadas com a fiabilidade da informação, bem como com a confiança nos intervenientes. Outros estudos poderiam incluir a análise dos processos de registos e da gestão de registos no domínio e as possibilidades de melhorar as condições e os mecanismos para uma tomada de decisões eficiente, a responsabilização e a transparência, incluindo a conceção de sistemas de TI, pessoas, regulamentos, valores da cultura da informação, entre outros. medida que as formas de criar confiança entre as pessoas mudam, esta tem de ser desenvolvida de novas maneiras, em que as funções e os processos dos registos têm de ser reformulados e moldados para se adaptarem às condições contemporâneas - culturalmente, socialmente e tecnicamente.

Responsabilidade, boa governação e confiança

Basicamente, a prestação de contas consiste em alguém ser responsável pelas suas acções em relação a outra pessoa. Inclui uma avaliação do que alguém fez ou não fez em relação ao que se esperava. Também se relaciona com a confiança, por exemplo, pode ser uma avaliação sobre se um ator a quem foi confiada uma responsabilidade a geriu de forma responsável; trata-se da forma como alguém geriu uma confiança que lhe foi atribuída. A responsabilidade pode ser aplicada em diferentes relações na sociedade, mas é frequentemente discutida em situações democráticas entre representantes políticos e cidadãos.

Os registos e arquivos autênticos e fiáveis têm um papel crucial na responsabilização, o que significa que os diferentes intervenientes podem ser responsabilizados pelas suas acções. Este facto serve de salvaguarda do interesse público e é importante para a criação de confiança nas instituições sociais. Uma boa gestão dos registos não garante a responsabilização por si só, pois esta também tem de ser posta em prática, mas cria condições para tal (Hurley, 2005). Os registos também permitem a transparência. "A democracia assenta numa cidadania informada. O direito do público de saber o que os seus líderes políticos, empresariais e académicos estão a fazer deve ser considerado sagrado" (Jimerson, 2009, p. 252). O direito do público a saber coloca sobre os arquivistas a responsabilidade de preservar os tipos de registos que fornecem meios para a responsabilização. A necessidade de saber como as coisas funcionam é constante. (Jimerson, 2009). A prestação de contas pode, portanto, ser vista como uma ferramenta importante para as pessoas exercerem o poder em diferentes relações. No entanto, também pode ser utilizada no sentido inverso, para tornar as pessoas responsáveis perante regimes autoritários (Hurley, 2005). Nos processos de responsabilização, os elementos incluídos são: quem é responsável perante quem, pelo quê, em que fórum, que medidas podem ser tomadas e que ferramentas e autoridade estão disponíveis, bem como que informações e que registos são necessários para o apoiar e que critérios são utilizados para a avaliação. Há também uma responsabilidade e uma obrigação de prestar contas relacionadas com a criação e a gestão de registos relativos aos processos em questão (Hurley, 2005).

A responsabilidade e a transparência são vistas como partes cruciais do que se designa por boa governação. A ideia de boa governação é promover o comportamento ético, o cumprimento das leis, uma governação eficiente, prevenir desastres e falhas, bem como garantir os direitos humanos, a participação e satisfazer as expectativas do público (Dikopoulou & Mihiotis, 2012, p. 135). É também importante para criar confiança nas instituições e nas funções da sociedade, bem como para contribuir para a criação de confiança entre os actores no seio das sociedades, uma vez que previne a corrupção e o mau comportamento e traz à luz do dia as acções e as decisões, bem como promove determinados valores. Os processos de responsabilização evitam o abuso de poder e a governação tirânica (Cunningham & Philips, 2005), bem como comportamentos irresponsáveis. Contribui igualmente para a previsibilidade, um sentimento de segurança e o que se pode designar por resiliência social. Com resiliência social, refiro-me à capacidade de uma sociedade para atenuar e gerir desafios e situações de stress, no caso de algo inesperado, como uma crise. Se existir uma governação básica, a sociedade pode gerir vários riscos que possam ocorrer. Como parece estarmos a aproximar-nos de uma sociedade de risco, em que os riscos globais estão a tornar-se cada vez mais presentes, esta é uma parte importante da gestão dos riscos sociais. Pode atenuar os riscos e diminuir os efeitos, ao contrário do que acontece quando não existe uma infraestrutura de governação.

Com a Internet, as possibilidades de publicar e distribuir informação criaram novas formas de participação em diferentes processos e domínios. Altera as estruturas e os processos regulares têm de ser reconsiderados no novo ambiente. "A informação em linha exige novas infra-estruturas, políticas, procedimentos e competências do pessoal" (Cunningham & Philips, 2005, p. 305). Poderá perguntar-se como se alteram os processos de responsabilização à medida que as pessoas se envolvem mais e têm uma visão direta do que acontece. O ponto de acesso à informação é deslocado para uma fase anterior. Os processos de responsabilidade têm sido orientados para a revisão do que foi feito e para a responsabilização por actos passados, ao passo que agora podem ser mais orientados para a prevenção de riscos e para acções proactivas. Entretanto, continua a ser importante rever o que foi (e não foi) feito. A fim de permitir a transparência e a responsabilização, a gestão de registos fiável e estruturada é uma parte crucial (Hurley, 2005), para criar, captar, gerir e preservar a documentação probatória de transacções, acções e decisões de uma forma eficiente, em conformidade com os processos empresariais.

A responsabilidade e a boa governação são frequentemente debatidas no sector público e nos processos políticos e governamentais. No entanto, também se aplicam ao sector privado (Hurley, 2005). A responsabilização fornece ferramentas para reivindicar o poder, não só para os que estão no centro do poder, mas também na periferia. Além disso, contribui para uma melhor governação e gestão. O facto de os líderes saberem que as pessoas sabem o que eles fazem leva-os a agir de forma mais honesta, eficiente e responsável. Isso não é bom apenas para o sector público, mas também para o sector privado. Não só é benéfico para quem está fora da empresa, como também melhora a gestão e o controlo das operações da empresa. A investigação revelou igualmente que a responsabilização contribui para melhorias económicas. A investigação no sector financeiro revela ligações claras entre o desenvolvimento económico, a boa governação, a responsabilização e a manutenção de registos (Lemieux, 2001, p. 131). A responsabilização não se aplica apenas às relações entre um indivíduo e um governo ou uma empresa. Na sua forma mais simples, pode significar que uma pessoa é responsável pelas suas próprias acções ou por não ter tomado medidas para evitar que algo acontecesse. Inclui a apresentação de relatórios e é considerada mais fiável quando se baseia em provas documentais. Afirma a responsabilidade e é uma relação mútua que é regulada (Hurley, 2005). Gostaria também de acrescentar que um indivíduo é responsável perante si próprio. Se nos comprometemos a fazer algo, isso torna-se um instrumento para garantir a sua realização. A responsabilidade pessoal pode incluir processos de reflexividade dirigidos a si próprio e às suas acções e escolhas e está relacionada com a honra pessoal.

Com a digitalização, a globalização e muitas mudanças a diferentes níveis, os processos empresariais, as funções, as responsabilidades, as relações de poder e de deveres, as tecnologias e o acesso à informação conduzem à necessidade de recriar relações e de clarificar quem é responsável/responsável pelo quê e perante quem. A responsabilização inclui mecanismos de controlo das relações, sendo necessário um equilíbrio entre controlo e confiança. Como não se confia nos outros, recorre-se à responsabilização, mas esta também contribui para a confiança nos processos entre os actores. É uma forma de salvaguarda, uma promessa de que as acções podem ser avaliadas e a justiça assegurada. Com a digitalização, os processos e mecanismos de responsabilização têm de ser considerados na conceção dos sistemas de TI.

No caso do comércio em linha, existem processos de responsabilização. As autoridades financeiras têm um papel de supervisão e exigem determinados registos. Por exemplo, as chamadas telefónicas são gravadas, podendo ser ouvidas tanto pela direção da empresa como pelas autoridades externas de supervisão, como a CySEC. No entanto, os múltiplos canais de comunicação tornam as coisas mais complexas.

Gestão de riscos, registos e mercado financeiro

Os registos e arquivos são muitas vezes tidos como um dado adquirido, mas é "em momentos de crise, independentemente da sua definição - pessoal, local, nacional ou internacional - [que] recorremos ou procuramos registos autorizados para apoiar ou negar acções e fornecer-nos relatos sobre o que aconteceu, quando e quem teve conhecimento" (Reed, 2005, p. 101).

Como já foi referido, os registos e a gestão de registos permitem a transparência e a responsabilização e o domínio financeiro é uma das áreas em que tal é aplicado. Desempenha igualmente um papel importante na gestão dos riscos e na garantia da estabilidade financeira (Lemieux, 2010; Coleman, Lemieux, Stone &

Yeo (eds), 2011), bem como na análise das crises e do que correu mal, a fim de prevenir futuras ocorrências

Foram também estabelecidas ligações entre as deficiências na gestão dos registos e as crises financeiras. Os estudos revelam que a ausência de registos e as deficiências nos mesmos contribuíram para a acumulação de riscos no sistema financeiro mundial que levou ao seu colapso e ao caos económico mundial, desencadeado pelo colapso do Lehman Brothers em 2008 (Lemieux & Limonad, 2011). Em estudos anteriores sobre bancos na Jamaica, foi demonstrado que a deficiente manutenção de registos contribuiu para uma falta de responsabilização, e a falta de responsabilização "conduziu a uma má gestão do risco, facilitou actividades fraudulentas e impediu o acompanhamento adequado das posições financeiras dos bancos. Como resultado, estes bancos acabaram por ficar enfraquecidos e vulneráveis ao colapso" (Lemieux, 2001, p. 4). A manutenção de registos é importante para apoiar as empresas e os seus reguladores no fornecimento de informações para sistemas de responsabilização eficazes, que, por sua vez, apoiam o controlo interno e a tomada de decisões eficazes, o que também é fundamental para a viabilidade competitiva (Lemieux, 2001). O desenvolvimento tecnológico é também um fator importante a considerar. As bolhas e os colapsos financeiros não são causados apenas por riscos de mercado, estão também relacionados com problemas organizacionais e com a forma como as tecnologias são aplicadas nas operações de gestão da informação e nos processos de tomada de decisões (Lemieux, 2011). A complexidade dos instrumentos também dificulta a compreensão e a avaliação dos riscos envolvidos (Lemieux, 2010).

Os quadros de responsabilização e a supervisão têm de melhorar as suas capacidades de adaptação às complexas relações actuais. Devido aos crescentes volumes de dados e à crescente complexidade das interações, o ambiente de informação tornou-se um desafio e as supervisões devem desenvolver a capacidade de considerar redes inteiras, em vez de empresas individuais. As cadeias de redes devem ser consideradas, para além das relações entre empresas (Flood, Allan, Mendelovitz & Nichols, 2012).

Registos e gestão de riscos

A gestão dos riscos é importante para criar confiança e para garantir que os riscos são abordados e geridos. Não se trata apenas de gerir "o risco que está ao virar da esquina", mas sim de procurar uma compreensão sincera dos riscos, a identificação e previsão dos riscos, a classificação e avaliação dos riscos e métodos e mecanismos eficientes para a gestão e mitigação dos riscos (Lemieux, 2010b). Os registos e a gestão de registos desempenham um papel importante na gestão do risco e estão, em muitos aspectos, interligados. A gestão de registos facilita a identificação e permite a gestão dos riscos associados às transacções financeiras, que são necessárias para a regulação financeira e para fazer valer reivindicações legais e financeiras, bem como para assegurar que as empresas operam no âmbito de quadros que protegem o interesse público. As deficiências no registo das transacções e actividades aumentam o risco e conduzem a muitos problemas. Com base nas experiências de crises financeiras anteriores, é importante compreender melhor de que forma os registos inexistentes ou incompletos afectaram as crises financeiras, de que forma contribuíram para a acumulação de riscos e de que forma a situação pode ser evitada no futuro (Monu, Lemieux, Limonad, Woo, 2012).

Em geral, a investigação centrou-se mais no contexto da gestão de registos no sector público do que no sector privado. Várias instituições financeiras são privadas, mas também incluem intervenientes do sector público, bem como indivíduos, em que os sistemas de TI são utilizados para gerir transacções e operações. "Para que o sistema financeiro funcione corretamente, as pessoas precisam de ter confiança de que é seguro e estável". (Lemieux, 2010a, p. 178). Por conseguinte, também os sectores privado e financeiro devem ser uma preocupação maior da comunidade de investigação e da prática arquivística e de gestão de documentos. É importante sensibilizar para o contexto em que os documentos financeiros são produzidos; este é central nas sociedades e afecta muitas pessoas. O sector financeiro, tal como muitas outras áreas da sociedade, depende da confiança e é um alicerce da estrutura social. O caso do comércio em linha mostra alguns dos desafios que se colocam quando a confiança é afetada. A regulamentação e a regulamentação são uma forma de assegurar a previsibilidade e garantir que os actores se comportem de determinadas formas. Incluem-se aqui os requisitos de manutenção de registos para permitir que a supervisão garanta que os regulamentos são seguidos, para além de os regulamentos serem comunicados em registos e, como tal, funcionarem como recursos de autoridade.

Em suma, pode dizer-se que, para criar confiança a nível sistémico, é fundamental dispor de mecanismos de regulação das relações de poder, da responsabilidade e da forma como os recursos são geridos e trocados de forma adequada. É necessário dispor de regras comuns que estabeleçam normas sobre o que se pode esperar e o que não é um comportamento aceitável. Neste contexto, os registos têm um papel importante, tanto como facilitadores como como parte integrante.

Cadeia de responsabilidade e depositário de confiança

No complexo mundo global em que vivemos, com intercâmbios de informação digital, constelações empresariais e encontros multiculturais com diferentes expectativas e valores em interação, com jurisdições cruzadas - onde todos tentamos navegar e realizar actividades e construir as nossas vidas e sociedades - o que é crucial é estabelecer cadeias de responsabilidades. A ideia arquivística da cadeia de preservação de registos e arquivos, que deve garantir a manutenção das qualidades dos registos que estabelecem a fiabilidade, para apoiar também a responsabilização através de processos complexos, é uma parte crucial. Isto inclui também a segurança da informação e a gestão dos riscos. De uma perspetiva proactiva, é uma forma de estabelecer uma cadeia de responsabilidade e parte do estabelecimento de um discurso de fiabilidade e cuidado - para todos, inclusive - e de garantir que as coisas são realizadas de acordo com as ideias de boa governação.

Tradicionalmente, tem sido atribuído às instituições arquivísticas e aos arquivistas o papel de "depositário de confiança", como um terceiro imparcial sem qualquer interesse em manipular a informação confiada ou em obter benefícios pessoais. Um depositário de confiança foi definido como

"um terceiro neutro que deve demonstrar que não tem motivos para alterar ou permitir que outros alterem os registos à sua guarda, e que possui os conhecimentos necessários para atestar e assegurar a autenticidade contínua dos registos." (Duranti, 2009, p. 41).

No contexto em linha contemporâneo, há necessidade de um depositário de confiança no sentido clássico e também, num novo sentido, de um projetista de sistemas. Uma parte crucial disto é não ter qualquer interesse em moldar as diferenças de poder, as condições de manipulação ou outras formas de abuso de poder, mas sim promover uma manutenção de registos justa e transparente que forneça provas imparciais das transacções.

Informática de manutenção de registos

Em resposta às condições do ambiente digital em linha, o quadro informático de manutenção de registos foi desenvolvido para gerir diferentes desafios em matéria de manutenção de registos. Esta secção discutirá o possível contributo no caso do comércio em linha. Como já foi referido, o desenvolvimento da Internet tem um papel central nas sociedades actuais. Traz muitas possibilidades, mas também desafios, como o excesso de informação, a segurança, a privacidade, a sustentabilidade e os custos relacionados com a criação, gestão e preservação de dados. Esta situação leva à necessidade de desenvolver novos modelos de gestão da informação digital e, neste caso, de registos digitais que sirvam de prova de actividades e transacções comerciais.

"As inovações no domínio das TI quebraram os processos tradicionais de gestão da informação e os quadros de governação, deixando muitos indivíduos e organizações com uma gestão ineficaz dos recursos de informação e uma maior exposição aos riscos de acesso, segurança e responsabilidade. Reconhece-se cada vez mais que são necessárias muito mais do que simples soluções tecnológicas para resolver estes problemas. É necessário integrar novas competências de gestão de dados, informações, registos e conhecimentos digitais na parte humana dos sistemas de informação, bem como criar quadros estratégicos, políticos e processuais adequados para melhor governar as actividades de gestão da informação" (Evans et al., 2014, p. 206).

Os desafios comuns nas organizações de hoje são, por exemplo, questões relacionadas com a sensibilização para a manutenção de registos, a criação de sistemas sustentáveis e utilizáveis que gerem eficazmente as regras e funções da empresa, especialmente em relação ao acesso e à segurança, e a integração dos processos de gestão de registos nos processos da empresa. Isto para além da forma como o conhecimento, os registos e a gestão de dados são incorporados, cultivados e integrados e combinados com a cultura organizacional. (Evans et al., 2014).

Com as tecnologias digitais e de rede, os antigos modelos de controlo de quando, onde e porquê os registos são criados, capturados e preservados já não podem servir o seu propósito, e o quadro informático de manutenção de registos visa responder a estes desafios. Há tanto mudanças técnicas como mudanças individuais, sociais e culturais nas relações, comportamentos e atitudes, que afectam a forma como os registos são criados, utilizados e geridos, bem como a natureza dos registos (Oliver, Evans, Reed & Upward, 2009). Esta questão tem de ser abordada a fim de promover soluções fiáveis, eficientes e sustentáveis. Na sociedade atual, os sistemas e tecnologias da informação desempenham um papel muito central numa série de actividades e funções em toda a sociedade, tanto a nível individual como organizacional e social. Estão envolvidas diferentes profissões, que precisam de colaborar de forma interoperável. Isto faz parte do que a abordagem informática dos registos procura promover. A ideia não é ter um modelo que deva ser aplicado em determinadas etapas, de forma linear. Em vez disso, deve incluir diferentes facetas para análise e englobar factores técnicos, informacionais, humanos e sociais para análise e ação estratégica. Deve considerar a gestão dos registos e a gestão dos sistemas de registos, incluindo os seus diferentes aspectos, e factores internos e externos (Oliver, Evans, Reed & Upward, 2009; Oliver, Evans, Reed & Upward, 2010).

A informática de conservação de registos procura abordar questões relacionadas com a gestão de registos em ambientes digitais complexos. A sua intenção é gerir e manter eficazmente registos com caraterísticas de autenticidade, fiabilidade, integridade e usabilidade como prova de actividades empresariais, ligadas a transacções e actores, num determinado contexto. Trata-se de uma abordagem que sublinha a importância do alinhamento com as necessidades da empresa, bem como com os requisitos operacionais, jurídicos e de responsabilidade social. A informática da conservação de registos pode ser utilizada como um quadro para examinar, compreender e definir estratégias para a conservação de registos em ambientes digitais complexos e enquadrar uma forma de pensar e criar processos, sistemas e práticas. "Trata-se de estudar e compreender a natureza (ou seja, princípios, estrutura, comportamento, interações e impactos) dos sistemas que construímos para criar, capturar, organizar e pluralizar registos" (Evans et al., 2014, pp. 208-209).

O quadro informático de manutenção de registos inclui cinco partes: pensamento contínuo dos registos, metadados, análise do processo empresarial, cultura da informação e acesso. A ideia é que os quadros de manutenção de registos devem ter em conta os aspectos culturais e estar alinhados com os processos empresariais, a fim de se enquadrarem no contexto e garantirem uma gestão fiável dos registos e da sua acessibilidade. Inclui os aspectos técnicos, informativos e humanos dos sistemas de informação, bem como a forma como os conhecimentos, as competências e os comportamentos estão integrados nas práticas (Oliver, Evans, Reed & Upward, 2009). O pensamento contínuo dos registos e os metadados de manutenção de registos servem de quadro concetual e de base para os princípios subjacentes a uma manutenção de registos fiável, como parte da garantia das qualidades de autenticidade, fiabilidade, integridade, rastreabilidade e usabilidade dos registos ao longo da sua gestão ao longo do tempo, relacionada com o envolvimento e as necessidades das diferentes partes interessadas. Isto para além de relacionar as actividades de manutenção de registos com as actividades e os agentes empresariais (Oliver, Evans, Reed & Upward, 2009). Isto permite que os aspectos da cultura da informação, a análise dos processos empresariais e as questões relacionadas com o acesso sejam abordados na análise e na conceção. Neste caso, o modelo contínuo de registos será utilizado para abordar a perspetiva do contínuo de registos.

O modelo contínuo de registos

O modelo contínuo de registos é um modelo concetual que proporciona uma perspetiva da criação, captação, gestão e difusão de registos, relacionada com os intervenientes e abordada a nível individual, organizacional e social. Pode ser utilizado para compreender, avaliar e planear os processos de gestão de arquivos e registos. Considera tanto as responsabilidades como os requisitos para a gestão de documentos como provas ao longo do tempo e do espaço, bem como aborda os utilizadores dos documentos, desde a sua criação até à sua disponibilização a nível social. O modelo contínuo dos registos relaciona quem faz o quê e porquê com a gestão dos registos. Qual a transação/atividade que tem lugar, a finalidade (evidencialidade) do registo, que produto documental é criado e quem é responsável. Reconhece também que os registos são criados num contexto, mas utilizados por muitos intervenientes em contextos diferentes (Upward, 2005). O modelo contínuo dos registos abrange níveis que vão desde pequenos fragmentos de informação em termos de registos, passando pelo arquivo de uma organização, até colecções sociais de arquivos. Se compararmos isto com as interações na sociedade humana, pode dizer-se que a ação ou interação de um indivíduo com outra parte é representada por um registo. Quando este é contextualizado num ambiente organizacional, torna-se parte de um arquivo. Quando contextualizado com outros arquivos, torna-se parte de uma coleção de arquivos. Por exemplo, pode começar com uma pessoa que faz uma transação monetária, que depois se torna parte de outras transacções ligadas a um corretor, que faz parte do mercado financeiro e de todas as suas transacções. Do mesmo modo, isto pode ser visto como relações entre um indivíduo e um corretor, efectuadas num contexto empresarial, no âmbito do mercado financeiro. Isto significa que existem relações entre o cliente e o corretor, incluindo a empresa, bem como o mercado financeiro. Existem também actores que exercem a agência a diferentes níveis, em diferentes direcções, para além de existirem regras, estruturas e recursos que afectam o espaço de ação de cada ator, em que a tecnologia tem um papel importante na criação de regras e estruturas dentro das quais se pode agir. Até à data, o estudo do comércio em linha não se tem centrado na parte dos registos, mas antes procurado compreender melhor o contexto, incluindo aspectos relacionados com a forma como a confiança é gerada, o significado da informação e os aspectos culturais e comerciais que devem ser tidos em conta. Isto pode ser utilizado para compreender quais as actividades que exigem provas e responsabilidade e como podem ser realizadas. Um passo seguinte poderia ser entrar em mais pormenores sobre o aspeto dos processos de registo. Nesse caso, pode ser relevante aplicar o modelo contínuo de registos, por exemplo, para discutir que registos criar, capturar, organizar e divulgar e a quem.

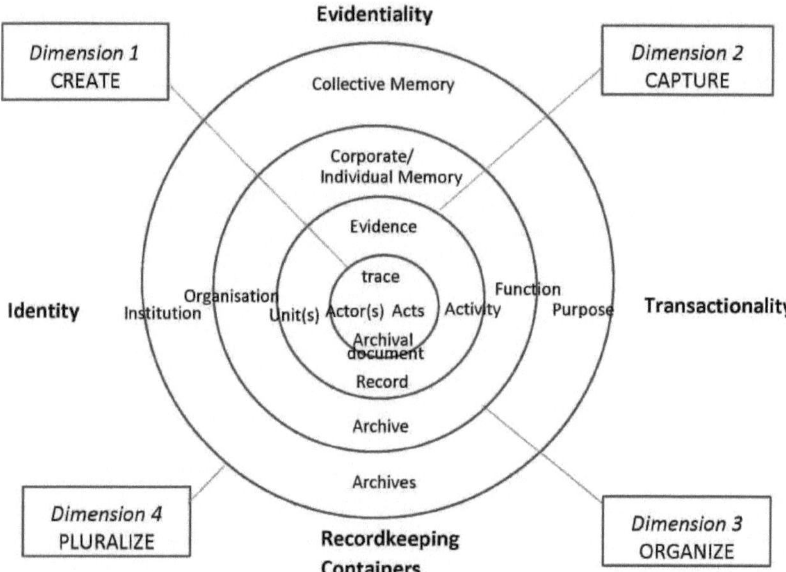

Figura 1. O Modelo de Continuidade dos Registos (Upward, 2005, p. 203) © Frank Upward

Metadados

Os quadros de metadados contribuem com a informação contextual necessária para a fiabilidade da informação, para regular as funções e para uma gestão fiável do acesso, bem como para a documentação da multiplicidade de relações a documentar. Os metadados fornecem meios para gerir responsabilidades e ligam a informação aos contextos, actores e processos em que foi criada, gerida e utilizada. São também cruciais para permitir a interoperabilidade, que é importante para garantir a continuidade da informação quando a tecnologia muda. Permite dissociar a informação do nível técnico das TI.

Relativamente ao exemplo do comércio em linha, os metadados podem, por exemplo, ser importantes para controlar se as transacções são realizadas de forma fiável e não manipuladas, mostrar quem está por detrás das actividades nas contas, permitir a rastreabilidade, documentar chamadas para clientes, etc. A gestão de metadados é também algo que pode ser estudado mais aprofundadamente e para colocar requisitos nos sistemas de TI em que as actividades comerciais são realizadas.

Análise de processos empresariais

Neste livro, foram destacados alguns aspectos relacionados com os processos empresariais; na secção sobre a estrutura empresarial no exemplo do comércio em linha, bem como na discussão sobre as estruturas de rede e a globalização. Isto pode ser visto como parte de uma análise empresarial que é relevante para uma discussão e consideração adicionais no contexto dos processos de registos. Para compreender e planear os registos que devem ser criados e geridos, é necessário saber quais os intervenientes envolvidos, como a informação flui e onde e como as actividades são realizadas, de modo a que as transacções e actividades necessárias sejam documentadas de uma forma que funcione no contexto empresarial. Para garantir meios de responsabilização e também apoiar o funcionamento da empresa e das relações comerciais. Um desafio, no exemplo do comércio em linha, é a falta de estruturas e processos estáveis, que é normalmente o que a análise do processo empresarial deixa de fazer; em vez disso, existe um ambiente em constante mudança com múltiplos canais de comunicação que também estão sempre a mudar. É possível que seja necessário algo diferente para captar o contexto comercial em que os registos são criados e trocados, a fim de captar provas das transacções.

Cultura da informação

A parte da abordagem informática de manutenção de registos que será mais relevante neste caso é a cultura da informação. No exemplo do comércio em linha, foram destacados aspectos de carácter cultural relacionados com padrões contextuais formados pela globalização, individualização, digitalização e o panorama informacional em que vivemos. Para desenvolver práticas de gestão de registos que funcionem e sejam eficazes num determinado contexto, é crucial compreender aspectos culturais, tais como comportamentos, padrões, o quadro de governação das TI, a forma como a confiança é criada e assegurada, a forma como a informação é comunicada, etc. O modelo teórico Information Culture Framework (Oliver & Foscarini, 2014) pode ser utilizado como uma lente para a análise deste tipo de questões. A ideia da Estrutura da Cultura da Informação é analisar aspectos relacionados com as pessoas: as suas competências, valores, comportamento, influências culturais, atitudes filosóficas, consciência da gestão de registos, riscos, etc., em ligação com os sistemas de informação e o ambiente contextual. Os aspetos relacionados com as pessoas são muitas vezes desafiantes, e existem frequentemente certos valores e atitudes predominantes em diferentes organizações e domínios que nem sempre são explicitamente expressos (Oliver & Foscarini, 2014). Não será feita aqui uma análise profunda do exemplo do comércio em linha, mas alguns dos aspectos que surgiram durante o estudo serão destacados em relação à Estrutura da Cultura da Informação. O quadro desenvolvido por Oliver & Foscarini é visualizado num triângulo com três níveis (figura abaixo). O primeiro nível inclui os valores atribuídos aos registos, as preferências de informação e as considerações linguísticas. O segundo nível inclui as competências relacionadas com a informação e a consciência dos requisitos ambientais relacionados com os registos. O terceiro nível inclui a governação das TI e a confiança.

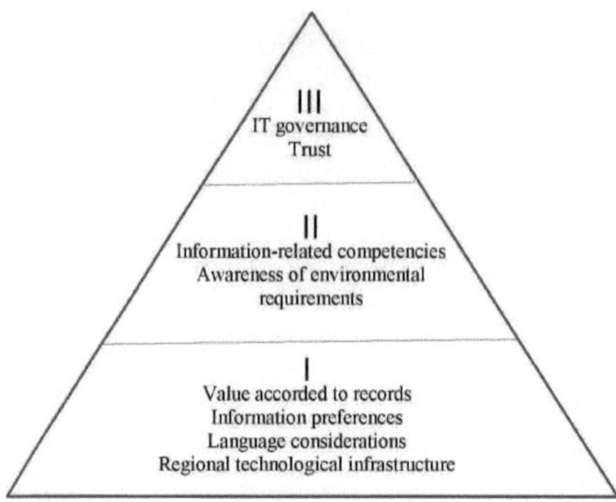

Figura 2. Estrutura da cultura da informação (Oliver & Foscarini, 2014, p. 17) © Oliver & Foscarini

Nível 1

Valor dos registos

O primeiro nível diz respeito à forma como as pessoas se relacionam com os registos e os valorizam, bem como à sua função. Inclui atitudes, comportamentos, recursos e sucesso da gestão de registos. Os quadros culturais e regulamentares relacionados com diferentes áreas geográficas influenciam a gestão de registos, tal como os valores, atitudes e comportamentos de diferentes indivíduos e empresas. Isto significa que existem diferentes camadas de cultura, que nem sempre estão em sintonia com a prática, o que, por sua vez, pode causar diferentes tipos de tensões (Oliver & Foscarini, 2014). Isto também faz parte da interação discutida por Giddens nas ideias em torno da teoria da estruturação, incluindo as relações entre agentes individuais e estruturas contextuais. Aplicado ao caso do comércio em linha, diria que, por um lado, certos registos são altamente valorizados, quando são uma representação do dinheiro e quando fazem parte da análise dos sinais de negociação. Se forem realizados estudos sobre diferentes registos e gestão de registos, podem ser levantadas questões sobre a forma como os registos, enquanto provas de transacções e actividades, são geridos e respeitados. Um exemplo disso é a gravação de chamadas telefónicas. No entanto, muitos corretores utilizam o Skype, e pode perguntar-se se essas conversas são gravadas. Existem diferentes canais de comunicação, o que torna mais difícil garantir que os registos necessários por razões de responsabilidade sejam capturados.

Preferências de informação

Trata-se de preferências (ou confiança) na informação formal e informal, escrita e noutros meios de comunicação. Considera a vontade de partilhar informações e com que granularidade (com quem). O aspeto central é a noção de confiança e a forma como esta é expressa e gerada num determinado contexto. A confiança será abordada no terceiro nível, mas tem um papel importante nas preferências de informação (Oliver & Foscarini, 2014). No comércio em linha, parece que os registos escritos formais podem não ser a principal preferência. A comunicação direta e a criação de confiança a nível pessoal parecem ser mais comuns. As empresas têm os seus termos e condições no seu sítio Web, pelo que, normalmente, não há contratos a assinar entre o cliente e a empresa, com algumas excepções. Um exemplo foi uma empresa que geria a conta dos clientes, o que significa que efectuava as transacções. Neste caso, tinham um acordo/contrato escrito para o cliente assinar, que, entre outras coisas, detalhava uma estratégia de gestão de risco e o nível de risco. Neste caso, o acordo parece ter um significado importante. No entanto, noutro exemplo, a pedido do cliente, foi celebrado e assinado um acordo formal por escrito, mas não teve qualquer significado quando o corretor desapareceu. O acordo tem de estar ligado à regulamentação, bem como às regras da empresa e aos processos de gestão, e tem de ser claro para os clientes o que podem esperar dos diferentes acordos. No entanto, estas foram excepções; parece que os acordos orais e as conversas são as principais formas de comunicação. A relação entre corretor e cliente é fundamental e a confiança parece ser construída principalmente nessa relação, que é onde ocorre a maior parte da comunicação e troca de informações entre o cliente e o mercado. Em vez de dar ênfase aos registos escritos, a observação direta do que o corretor faz, facilitada pela tecnologia, parece ser uma forma mais comum de criar confiança. Um exemplo é o de um corretor que estava envolvido em transacções em grupo. Utilizou o seu próprio dinheiro para as transacções, uma vez que isso dava uma sensação de segurança aos participantes. Participaram outros corretores experientes e pessoas sem muita experiência; chegaram a acordo sobre o que negociar e os participantes podiam contribuir com os seus conhecimentos e informações. Desta forma, estavam dispostos a partilhar os seus conhecimentos profissionais e a negociar em conjunto.

O corretor também concordou que a confiança era gerada por pessoas reais em tempo real. Em geral, existe uma grande vontade de partilhar conhecimentos profissionais. Muitos corretores querem contribuir para os clientes e partilhar os seus conhecimentos e competências. Este é um dos principais contributos identificados no estudo. Desafia a ideia de que uma pessoa só trabalha para o seu próprio bem, pois houve corretores que trabalharam com os clientes para benefício mútuo.

Propriedade da informação

Outra questão destacada no Quadro da Cultura da Informação é a de saber a quem pertence a informação, se a indivíduos ou organizações, e como as pessoas se comportam e gerem a informação consoante o que é verdadeiro (Oliver & Foscarini, 2014). No que diz respeito ao comércio em linha, algo que deve ser discutido é a gestão global dos dados pessoais em relação ao sector comercial. Atualmente, parece que as informações sobre as pessoas, que têm um elevado valor económico, são recolhidas a uma escala sem precedentes e utilizadas para fins comerciais. Isto leva a uma série de questões. As informações são recolhidas quando as pessoas visitam sítios Web, utilizam aplicações ou estão presentes nas redes sociais, por exemplo.

Normalmente, as pessoas não estão conscientes ou não aceitam a forma como são recolhidas informações sobre o que fazem na Internet. Além disso, não têm muito a dizer sobre a forma como a informação é utilizada. Outro problema é o facto de as pessoas serem sujeitas a marketing direto por telefone, o que constitui uma intrusão na sua vida pessoal. Por último, a recolha e o controlo da informação constituem uma possibilidade de enorme concentração de poder. Ao mesmo tempo, as pessoas querem ganhar com os diferentes serviços de informação que são fornecidos, pelo que muitas estão dispostas a partilhar os seus dados pessoais. Oliver e Foscarini (2014) também levantam questões sobre a concentração de poder que resulta da recolha e do controlo da informação, bem como sobre os interesses comerciais que lhe estão associados. Estes são padrões que se repetem ao longo dos séculos em diferentes domínios, caracterizados pela luta pelo controlo da informação. As tecnologias digitais de hoje levam-no a outro nível. A velocidade com que o poder é acumulado através do controlo da informação é algo de que temos de estar conscientes (Oliver & Foscarini, 2014). Além disso, argumentam que existe uma uniformidade na indústria de hardware e software, dominada principalmente por algumas empresas sediadas nos EUA. Devem ser debatidas questões como a privacidade, as pegadas digitais, a capacidade de apagar informação, bem como as infra-estruturas para uma gestão ética da informação.

Outra questão é a partilha de informação que pode ter um efeito direto no comércio. A informação que possui um elevado valor económico, ou seja, a questão de saber quem tem acesso a informação valiosa é uma questão de dinheiro. Isto torna-se um mecanismo para aumentar as diferenças de poder; quem tem muito capital tem a opção de investir em boa informação, o que aumentará ainda mais o seu capital. A forma como a tecnologia pode potenciar o lucro acelera este processo. Isto também está relacionado com o risco. Melhor informação significa correr um risco menor. Pode dizer-se que existe uma interação entre o acesso à informação, o aumento do capital e a redução do risco.

Oliver e Foscarini (2014) discutem três dimensões culturais identificadas por Hofstede (2001) que são relevantes para as preferências de informação: individualismo versus coletivismo, distância do poder (como a desigualdade é percebida pelos participantes e como as pessoas exercem a autoridade) e medidas de prevenção da incerteza (como as incertezas sobre o futuro são minimizadas e como a tecnologia, as regras e os rituais são utilizados como mecanismos para tal). No comércio em linha, podem ser observados diferentes padrões em que os intervenientes desenvolvem diferentes estratégias para gerir as incertezas. O comércio social e a criação de redes podem, por exemplo, ser uma forma de aumentar as possibilidades de troca de informações, sendo utilizadas diferentes estratégias de gestão do risco. Nas conversações realizadas durante estes últimos dois anos, notou-se uma maior ênfase na gestão do risco. Este facto deve-se provavelmente, em parte, à regulamentação, bem como aos problemas que ocorreram.

Considerações linguísticas

Oliver e Foscarini (2014) defendem que a linguagem é socialmente construída e que há certos termos e conceitos que são centrais numa comunidade, que é importante compreender para fazer parte dessa comunidade. Este aspeto faz parte de tornar a comunicação e a sua retórica mais explícitas num determinado domínio. Trata-se tanto da língua enquanto tal, como da forma como as pessoas falam, escrevem e comunicam, o que também revela estruturas de poder e tensões sociais, certas atitudes e práticas. A língua também influencia a forma como as pessoas percepcionam o mundo e as diferentes actividades, e em que participam. Os registos são uma manifestação dos tipos de dimensões retóricas encontradas na comunicação entre as pessoas (Oliver & Foscarini, 2014), que instituem certas perceções do mundo. Deste modo, a informação e os registos têm o poder de influenciar as perceções que as pessoas têm da realidade. Por exemplo, como se tem verificado no comércio eletrónico, os corretores apresentam muitas vezes a atitude de que qualquer pessoa deve poder investir determinadas quantias porque, para eles, é uma quantia muito pequena. No entanto, para um cliente pode ser uma quantia muito elevada, o que pode criar tensão e expectativas que não são realistas para os clientes. Outro exemplo é quando um cliente informa o corretor de que não está interessado, muitos corretores tentam transformar a situação numa situação em que o cliente tem de explicar porquê, perguntando muitas vezes o que o impede de investir, como se fosse uma questão de coragem.

Outro valor neste contexto é a rapidez, o facto de se andar depressa; os potenciais clientes que querem considerar uma proposta são tratados como receosos, não confiantes, com falta de motivação e ambição, etc. O tempo é considerado muito valioso, e o timing dos investimentos é crucial para o lucro. O dinheiro é muito valorizado, e o desprezo por rendimentos monetários baixos ou medíocres é frequentemente manifestado. Alguns corretores também desprezam os pequenos investimentos, argumentando que nunca trabalhariam com montantes tão pequenos, que as somas são ridículas. O comércio online é muitas vezes anunciado como sendo para todos, que se pode começar com pequenas quantias, etc., mas quando se fala com os corretores, a maior parte deles salienta que há um risco muito elevado de perder o dinheiro, que o lucro será muito pequeno e que não vale a pena investir uma quantia maior. É claro que nem toda a gente é desta opinião e há exemplos de atitudes diferentes, como mencionado anteriormente, mas estas opiniões são bastante comuns.

Penso que este é um risco para as pessoas que acreditam na ideia de que é para toda a gente, em vez de pensarem de forma crítica. Como já foi referido, são utilizados diferentes tipos de meios retóricos e manipuladores na comunicação para levar as pessoas a investir grandes quantias de dinheiro. Para além da ênfase na criação de relações pessoais entre corretores e clientes, torna-se mais desafiante, uma vez que joga com as fraquezas das pessoas. Visto de outra perspetiva, pode ser um contributo; os corretores com boas intenções podem ajudar as pessoas a mudar a sua mentalidade em relação ao dinheiro de uma forma positiva, o que pode ajudar a ultrapassar desafios pessoais. Pode dizer-se que há possibilidades e riscos, dependendo dos actores envolvidos e do que o ambiente técnico-institucional promove. Intimamente ligada à linguagem no ambiente digital está a infraestrutura tecnológica; esta estabelece os quadros e as condições para a comunicação entre as pessoas. Também neste contexto, foram discutidos diferentes padrões de comércio em linha. A tecnologia pode ser utilizada para reforçar o poder de alguns actores, mas também pode conduzir a novas formas de comunicação e colaboração e alterar o modo como criamos relações. Um exemplo é a possibilidade de as pessoas mostrarem umas às outras o que estão a fazer através da partilha de ecrãs, ultrapassando assim as distâncias, como já foi referido. No entanto, noutros casos, a tecnologia também pode instituir formas de comunicação muito rígidas, dando o controlo a uma das partes envolvidas.

Nível 2

O segundo nível inclui aspectos das competências relacionadas com a informação e a consciência dos requisitos ambientais. As competências relacionadas com a informação incluem aptidões, conhecimentos e competências utilizados para desempenhar as responsabilidades de gestão de registos, bem como literacia relacionada com a informação e literacia digital. O objetivo é trabalhar eficazmente com a informação, tanto na pesquisa como na recuperação, bem como na gestão de registos como provas. Isto inclui também a capacidade de colaboração entre diferentes profissões, a fim de criar uma infraestrutura eficiente. Um desafio comum é a sobrecarga de informação que pode criar stress (Oliver & Foscarini, 2014). No exemplo do comércio em linha, a grande quantidade de informação combinada com a velocidade e a elevada pressão em torno do dinheiro pode criar muito stress para as pessoas envolvidas. É por isso que a gestão da informação é uma área a melhorar.

Este nível também diz respeito à consciencialização da regulamentação e à forma como esta é utilizada nos processos empresariais. Um aspeto que foi salientado é que a presença de regulamentos não significa necessariamente que uma empresa se comporte em conformidade. É necessário criar uma maior consciencialização da regulamentação e dos seus valores, bem como integrá-la de forma prática nas práticas e políticas. Além disso, poderá ser necessário rever os regulamentos para ver como podem ser adaptados ao ambiente, razão pela qual também é importante ter em conta os padrões culturais. Ambas as partes têm de ser incluídas neste trabalho e a sua capacidade de colaboração tem de ser melhorada. Também é importante ter isto em conta na conceção dos sistemas.

Nível 3

Governação das TI

Este nível diz respeito à governação das TI e à confiança. A governação da tecnologia da informação empresarial refere-se à governação dos sistemas de TI de uma empresa. O facto de cada vez mais organizações dependerem de serviços externos, bem como de colaborações em diferentes constelações com diferentes formas de intercâmbio de informações, também afecta a governação da informação. As questões relacionadas com a interoperabilidade são importantes para uma gestão eficiente da informação. A governação da informação, neste contexto, diz respeito a processos, funções, políticas, controlo e gestão da informação que tratam a informação como um bem valioso de uma forma holística. O objetivo é uma gestão mais eficiente da informação, reduzindo os riscos de não se ter o controlo de activos de informação valiosos, o que é importante para o bom funcionamento de uma empresa, bem como para uma maior capacidade de resposta a um ambiente em mudança. O quadro da cultura da informação identifica diferentes tipos de infra-estruturas de TI e perfis arquitectónicos, designados por

Federalismo da Informação, Feudalismo da Informação, Monarquia da Informação, Anarquia da Informação e Utopia Tecnocrática (Oliver & Foscarini, 2014). Os diferentes tipos reflectem diferentes abordagens à tecnologia e à gestão da informação, e baseiam-se em valores diferentes. Parece haver mais do que um relacionado com o comércio em linha, uma vez que existem diferentes abordagens a estas questões. Este aspeto também poderia ser objeto de uma análise mais aprofundada, bem como a forma como afecta as relações com os clientes e quais os valores e mecanismos incorporados na conceção dos sistemas de TI, e como isso afecta as relações de poder e a criação de confiança.

Ainda não fiz uma análise aprofundada das práticas de gestão da informação e dos registos, mas foram identificados alguns problemas. Algo que parece ser comum é que a informação sobre chamadas telefónicas para clientes raramente é coordenada. Muitas vezes, várias pessoas da mesma empresa telefonam para a mesma pessoa. Isto pode ser um exemplo de uma abordagem de feudalismo da informação, em que as unidades ou funções empresariais individuais definem as suas próprias necessidades de informação e comunicam apenas informações limitadas ao resto da empresa, muitas vezes em concorrência umas com as outras, razão pela qual as sinergias tendem a ocorrer por acidente e não por projeto. Num exemplo, uma empresa tinha um sistema em que tomava notas das conversas com potenciais clientes e se a pessoa em questão estava interessada em ser contactada e, em caso afirmativo, a que horas. Esta informação podia ser acedida pelos funcionários da empresa, o que significava que o cliente não receberia várias chamadas da empresa. Este é um exemplo de uma forma de gestão da informação mais orientada para o cliente. Noutros casos, a concorrência no seio de uma empresa pode ser bastante elevada, com os empregados aparentemente a lutarem entre si pelos clientes, o que não é um modelo de negócio orientado para o cliente.

O que se designa por Anarquia da Informação significa uma "ausência de qualquer política global de gestão da informação, levando os indivíduos a obter e gerir a sua própria informação" (Oliver & Foscarini, 2014, p. 133). Não existem sistemas formais a funcionar na terceira dimensão, de acordo com o modelo do continuum de registos, o que significa que não existe uma organização da informação a nível empresarial/organizacional, mas sim a nível individual. Também há exemplos disto, existem corretores com as suas próprias estratégias de gestão e comunicação com os clientes, para além de casos em que a comunicação e a gestão com o cliente são, em grande medida, controladas pelos corretores. Noutros casos, a empresa tem um maior controlo sobre a informação e está mais envolvida. A regulamentação que inclui requisitos de manutenção de registos constitui, por conseguinte, um contributo para as empresas sob a forma de um maior controlo interno.

O que é referido como Utopia Tecnocrática está orientado para os aspectos técnicos da gestão da informação, com uma elevada dependência das tecnologias emergentes (Oliver & Foscarini, 2014). Há uma ênfase em melhorias e avanços tecnológicos. O mercado financeiro é uma força motriz para o desenvolvimento tecnológico e também depende dele em grande medida.

Uma melhor gestão e governação da informação numa empresa pode conduzir a um maior sucesso global e a um negócio mais orientado para o cliente, e inclui questões como, por exemplo, a partilha de informação dentro das empresas. Esta é uma área que poderia ser analisada mais aprofundadamente, no sentido de saber que melhorias na gestão da informação e dos registos podem ser feitas para aumentar a eficiência e a qualidade do serviço prestado aos clientes.

Confiança

No Quadro da Cultura da Informação, as questões de confiança dizem respeito à confiança nos sistemas e processos de manutenção de registos, que por sua vez dizem respeito às práticas de gestão da informação partilhada e às percepções destas práticas. Não basta que os sistemas e processos sejam fiáveis; têm também de ser *considerados* fiáveis pelos utilizadores. As questões de confiança na informação e nos sistemas de informação são centrais para a investigação em arquivos e ciências da informação, sendo um exemplo disso o projeto internacional InterPARES Trust. Este projeto trata de questões relacionadas com a confiança na gestão de registos em ambientes em linha. As questões sobre como podemos confiar nos registos, o que é necessário para as propriedades e caraterísticas de autenticidade, fiabilidade, integridade e usabilidade, e como podemos confiar no contexto e nos processos que rodeiam a gestão dos registos, são objeto de preocupação nesta investigação. Para serem bem sucedidos, os quadros de gestão dos registos têm de corresponder à forma como as pessoas trabalham, se comportam e utilizam a informação, caso contrário não serão aplicados. De importância fundamental para a confiança são as considerações éticas na gestão da informação, para proteger as preocupações do público e assegurar a responsabilização (Oliver & Foscarini, 2014).

No caso do comércio em linha, podem ser observados muitos problemas que surgem na fase inicial da mudança de processos, tecnologias e relações no seio das sociedades, bem como melhorias contínuas. A criação de confiança junto dos clientes exige um grande esforço, mas nas discussões com os corretores, a gestão dos registos raramente é referida como uma questão preocupante. A minha impressão é que os corretores são os principais responsáveis pela criação de confiança junto dos clientes. Um próximo passo poderia ser o estudo das práticas de gestão de registos e das melhorias que podem ser introduzidas para contribuir para um sentimento geral de confiança. Deveria considerar medidas de fiabilidade a nível técnico, informativo, regulamentar e pessoal. Num ambiente com um elevado nível de automatização e de processos executados por sistemas informáticos, devem ser incluídas na conceção informática medidas que promovam a fiabilidade e uma perspetiva do utilizador. Outra preocupação central relacionada com a confiança é a gestão de dados pessoais para fins comerciais. Existem regulamentos, mas isso não é suficiente. Além disso, são necessários debates e acordos baseados em considerações éticas e de responsabilidade.

Acesso

O acesso à informação é uma das questões centrais da atual sociedade da informação; está relacionado com questões de integridade, poder, democracia, inovação e crescimento. Quem tem acesso a que tipo de informação diz respeito a questões de prestação de contas e responsabilidade, bem como a possibilidades e criatividade, inovação, geração de conhecimentos e liberdade de pensamento e expressão, bem como a considerações éticas. Devemos estar conscientes de todas as facetas, possibilidades e riscos que envolvem o acesso a diferentes tipos de informação numa sociedade digital global. Esta deve ser tratada com sensibilidade devido às vulnerabilidades, com consciência das relações de poder e do risco de abuso sob diferentes formas. Além disso, é necessário um debate permanente sobre a ética relacionada com a recolha, gestão e utilização da informação. O que pretendemos é um ambiente que permita a democracia, o livre fluxo de informação, a transparência e as possibilidades de inovação, bem como a segurança, sem a transformar numa sociedade de vigilância.

Atualmente, temos uma capitalização contínua da informação. Ao mesmo tempo, o sector público é obrigado a disponibilizar gratuitamente a informação pública. Isto significa que as maiores empresas do mundo têm livre acesso à matéria-prima que podem utilizar para criar serviços. O acesso livre à informação é benéfico também para outros actores e apoia a democracia. No entanto, há que ter em conta os meios de poder e, se não tivermos cuidado, o resultado poderá ser a dependência de serviços que reforçam ainda mais a posição de certos actores. Os riscos de situações de monopólio e oligopólio também devem ser considerados.

No contexto particular do comércio em linha, há questões relacionadas com quem deve ter acesso a que informação, o que exige que se considerem os requisitos de criação, manutenção, organização, divulgação e eliminação de registos, para além da colaboração e de uma série de questões relativas à gestão da informação a nível intra-organizacional e setorial.

Resumo

Em resumo, há muitos aspectos no domínio da gestão da informação e dos registos que podem ser melhorados. As melhorias na gestão de registos podem contribuir para um funcionamento mais eficiente das empresas, para um melhor serviço aos clientes, bem como para uma boa governação, mecanismos de responsabilização e gestão de riscos a diferentes níveis. Constitui igualmente um meio de aprendizagem e de aperfeiçoamento contínuos. Contribui sobretudo para a criação de confiança e equidade, bem como para uma melhor segurança da informação, de que beneficiarão tanto os clientes como as empresas.

A gestão de registos é frequentemente debatida numa perspetiva organizacional e social, mas também tem importância a nível individual e pode contribuir para a sensibilização, a criação de conhecimentos, a melhoria e o controlo de recursos e provas pessoais, bem como proporcionar meios para a gestão de riscos.

PARTE 4-TRANSIÇÃO PARA A SUSTENTABILIDADE

"Aqueles que são muito fortes também têm de ser muito gentis"

(Pippi Longstocking, *Astrid Lindgren)*

Governação financeira sustentável baseada na confiança e no holismo

Não sou economista, por isso quem sou eu para falar de governação financeira sustentável? Como já foi referido, é difícil separar a informação das finanças na economia digital, ou seja, o dinheiro são registos e a gestão do dinheiro implica a gestão dos registos; estão interligados. A gestão de registos é uma preocupação fundamental para a gestão financeira e para a capacidade de atenuar as crises financeiras. Além disso, é crucial nas operações comerciais e nas relações com os clientes. É importante para a criação de uma empresa de sucesso e para a confiança no domínio. Este livro é uma discussão sobre o contributo que os arquivos e as ciências da informação podem dar para uma governação financeira sustentável na economia digital, utilizando o comércio em linha como exemplo. Na parte anterior, discutiu-se o contributo que os arquivos e as ciências da informação podem dar a nível prático no que respeita à gestão da informação e dos registos. Esta parte centrar-se-á antes em questões relacionadas com o desenvolvimento sustentável e discutirá os conceitos e teorias das ciências da informação e dos arquivos a um nível mais concetual. A ideia é apresentar ideias que possam contribuir para formas de pensar e de se relacionar consigo próprio, com os outros e com a Terra para a gestão de finanças sustentáveis. É necessária mais investigação para desenvolver estas ideias, mas isto pode ser considerado uma introdução a uma discussão sobre possíveis abordagens. Poder-se-ia dizer que esta parte do livro é sobre o contributo que os arquivos e a gestão de registos podem dar para o desenvolvimento de um discurso sobre economia centrado na confiança e numa perspetiva holística do crescimento humano.

Em primeiro lugar, serão discutidas as perspectivas da área da governação eletrónica (na qual os arquivos electrónicos são uma parte central) com ideias sobre o que pode ser feito a nível prático para adotar uma abordagem orientada para o cliente em relação ao financiamento eletrónico.

A próxima parte discutirá os meios para mudar o discurso, os valores e as relações de poder.

A secção seguinte trata da forma como as perspectivas teóricas dos arquivos e da ciência da informação podem ser aplicadas a um nível de mentalidade para desenvolver um discurso de confiança.

Por último, haverá uma discussão sobre o crescimento sustentável, baseado em valores de confiança e holismo, e a criação de futuros desejados inspirados em abordagens teóricas arquivísticas.

Existem muitas perspectivas sobre o significado de sustentabilidade e crescimento, mas o foco deste livro é o papel da confiança e da responsabilidade em diferentes aspectos e em diferentes níveis. Esta questão é discutida no contexto dos processos de globalização, individualização e digitalização, nos quais a informação tem um papel central. A discussão é inspirada nos conceitos e modelos dos arquivos e da ciência da informação, que podem contribuir para uma mentalidade de vida sustentável.

A governação pode ser aplicada em diferentes domínios. Um conceito central no domínio público a nível internacional é o de "boa governação", que também foi aqui debatido. No ambiente digital, discute-se a governação eletrónica, uma perspetiva da qual consiste em utilizar as tecnologias digitais em diferentes serviços. Trata-se também da governação que utiliza as tecnologias digitais para incluir novos padrões, valores, atitudes e práticas, com ênfase na mudança, nas melhorias e na utilização das possibilidades das novas tecnologias de diferentes formas. No exemplo do comércio em linha, a impressão é que este procura tornar o mercado financeiro acessível a "qualquer pessoa". É dada ênfase à criação de boas relações comerciais na perspetiva do cliente, bem como a uma grande vontade de partilhar conhecimentos profissionais. Baseia-se em serviços em linha e é realizado no ambiente eletrónico. Estes são aspectos que têm pontos em comum com a administração pública em linha e os serviços em linha, razão pela qual pode ser interessante analisar as caraterísticas centrais neste domínio. Uma preocupação central da administração pública em linha do sector público é estar orientada para o cidadão e organizar os processos empresariais e a gestão da informação na perspetiva do cidadão. Relacionado com o processo de individualização e globalização, o próximo passo lógico seria incluir tanto o sector privado como o público numa governação mais orientada para o cidadão/cliente, incluindo a nível global. Isto inclui também um maior nível de colaboração entre os domínios público e privado. A fim de desenvolver condições de coexistência e diferentes intercâmbios numa sociedade global, com base em valores comuns e numa perspetiva holística.

Esta secção sobre governação centrar-se-á em duas partes principais: valores e prática. Começará com uma discussão sobre os valores e caraterísticas da governação eletrónica, seguida de uma secção sobre a democratização da prática financeira.

7. Financiamento eletrónico orientado para o cliente

No sector público, os objectivos são a criação de serviços públicos eficientes e de elevada qualidade, fáceis de utilizar pelos cidadãos e pelas empresas, a par de uma maior transparência e participação pública. O objetivo é uma abordagem orientada para o cidadão, promovendo a colaboração entre as diferentes autoridades públicas e outros intervenientes para facilitar a vida dos cidadãos. Os serviços públicos devem ser mais fáceis, mais rápidos e mais baratos. Os serviços transfronteiriços na UE também são importantes para ajudar os cidadãos da UE a deslocarem-se entre países. Neste contexto, a partilha de informações é fundamental, razão pela qual as questões relativas à interoperabilidade são motivo de grande preocupação. No contexto da UE, o intercâmbio de informações entre países é crucial para que as pessoas possam circular livremente entre diferentes países e participar nos serviços públicos. A interoperabilidade significa capacidade de colaboração e é abordada a diferentes níveis: jurídico, organizacional, semântico e técnico. Existe também um quadro para a interoperabilidade na UE: o Quadro Europeu de Interoperabilidade (QEI) (Comissão Europeia, 2017) e foram desenvolvidas estratégias nacionais. O objetivo é aumentar a capacidade de colaboração e permitir o intercâmbio seguro e eficiente de informações, a fim de prestar melhores serviços. Trata-se de uma parte importante da promoção de uma administração pública fácil, transparente e mais inovadora (Gabinete do Governo sueco, 2012). Parte disto é também promover uma maior colaboração entre as diferentes partes interessadas, como os sectores público e privado, incluindo principalmente as empresas inovadoras e a investigação. O trabalho sobre o *Mercado Único Digital* visa promover a livre circulação de pessoas, serviços e capitais na UE, "onde os indivíduos e as empresas podem aceder e exercer actividades em linha sem problemas, em condições de concorrência leal e com um elevado nível de proteção dos consumidores e dos dados pessoais, independentemente da sua nacionalidade ou local de residência" (Comissão Europeia, 2015)[3] . Os três pilares da Estratégia para o Mercado Único Digital são: melhorar o acesso dos consumidores e das empresas a bens e serviços digitais, criar um ambiente e condições para redes digitais e serviços inovadores e maximizar o potencial de crescimento da economia digital (Comissão Europeia, 2015)[4] . Os conceitos-chave das estratégias suecas de administração pública em linha incluem a acessibilidade, a eficiência, a colaboração, as soluções comuns e a orientação para o cidadão, em que a informação é vista como um recurso. A ideia é colaborar e encontrar soluções comuns para promover a acessibilidade e a eficiência. A perceção dos cidadãos também se alterou devido ao desenvolvimento da tecnologia e da administração em linha. A ideia de "cidadão" deixou de ser vista como um contribuinte, com o objetivo central de oferecer mais por menos; através do cidadão como cliente de serviços públicos, que devem ser prestados de forma eficiente e ser de fácil utilização; para inserir as necessidades dos cidadãos no centro e ver os cidadãos como co-criadores, onde a sua potencial criatividade e contribuição para a sociedade é reconhecida (The Swedish Government Offices, 2012; SOU 2009:86; SOU 2013:22). Os cidadãos e as empresas são convidados a participar em maior medida e são considerados mais parceiros do que fornecedores e destinatários. Este facto é frequentemente promovido como uma democratização da administração pública, bem como um incentivo à inovação.

Parte da orientação da administração pública em linha para o cidadão/cliente é a colaboração e a partilha de informações, a fim de prestar melhores serviços aos

---

[3] https://ec.europa.eu/digital-single-market/en/digital-single-market, publicado em 25 de março de 2015, acedido em 2017-08-01

[4] https://ec.europa.eu/digital-single-market/en/digital-single-market

cidadãos, bem como permitir uma maior participação e co-criação, inovação e melhorias contínuas, e uma ênfase na qualidade, eficiência, simplicidade e transparência. Isto também pode ser aplicado no domínio financeiro e nos serviços financeiros. A Visão 2020 coloca a tónica no desenvolvimento de um crescimento inteligente, sustentável e inclusivo (Comissão Europeia, 2010a). Os serviços orientados para o utilizador e a satisfação das necessidades dos cidadãos são fundamentais para o desenvolvimento da administração pública em linha (Gabinete do Governo Sueco, 2012). Do ponto de vista do cliente, é importante que todos os domínios da sociedade tenham uma agenda de administração em linha baseada nos princípios da boa governação, incluindo a equidade, a responsabilidade e a transparência, que também seja clara quanto à forma como a confiança deve ser tratada. Tem de ser mais previsível o que um cliente pode esperar do mercado no ambiente em linha. Temos de abordar a infraestrutura digital de uma perspetiva holística, com uma abordagem do utilizador que considere tanto os aspectos culturais das atitudes, valores e comportamentos, como as questões técnicas, informativas, organizacionais e relacionadas com os processos empresariais, com o objetivo de promover uma infraestrutura transparente e fiável.

Perspetiva do cliente na conceção de quadros digitais

Para adotar uma abordagem orientada para o cliente, tem de ser utilizada uma perspetiva do cliente na conceção de estruturas digitais, incluindo sistemas de TI, processos empresariais, processos de registo e regulamentos. A investigação em matéria de conceção participativa no domínio dos sistemas de informação pode ser útil neste contexto, tendo em conta os valores democráticos, a capacitação dos utilizadores, a influência dos utilizadores e as relações de poder na conceção e inovação tecnológicas (ver, por exemplo, Beck, 2002; Gregory, 2003; Bjorgvinsson, Ehn & Hillgren, 2012; Sanders & Stappers, 2008). Temos de considerar tanto o nível macro como o nível micro para abordar os aspectos que podem ser limitativos para algumas pessoas, a fim de criar um ambiente inclusivo. A gestão dos dados pessoais é uma preocupação central para a adoção de uma abordagem orientada para o cliente. Na UE, estão em curso discussões e desenvolvimento de regulamentos sobre a utilização de dados pessoais e preocupações com a privacidade, com o objetivo de dar aos cidadãos mais controlo sobre os seus dados (Comissão Europeia, 2015).[5] De acordo com um membro do Parlamento Europeu, esta é uma área que requer investigação e discussão, bem como uma área com grande pressão devido a fortes interesses e lobbies. Isto exprime o interesse económico relacionado com a informação e os dados pessoais como um recurso nos processos económicos e na produção de riqueza. É necessária regulamentação, bem como instrumentos e políticas mais reactivos em relação às tecnologias em rápido desenvolvimento

---

[5] https://ec.europa.eu/digital-single-market/en/right-environment-digital-networks-and-services, publicado em 6 de maio de 2015, acedido em 2017-08-01

Dados abertos e inovação, incluindo dados financeiros

Algo que é frequentemente discutido no contexto do governo aberto e do governo eletrónico é a utilização de dados abertos e de informações do sector público. A ideia é disponibilizar a informação pública em formatos que possam ser utilizados para a inovação e o desenvolvimento de diferentes aplicações. Esta questão poderia ser discutida também em relação aos serviços financeiros. Já existe alguma discussão; um exemplo é um ator que tinha uma aplicação onde se podia ver que empresas eram consideradas empresas fraudulentas. As listas das autoridades financeiras públicas sobre as empresas objeto de denúncia poderiam ser uma fonte a utilizar para tornar este tipo de informação mais acessível às pessoas. Poderá também haver certos "dados básicos" sobre as empresas de corretagem que possam ser de interesse para os clientes acederem facilmente. Por exemplo, facilitar a visualização das empresas que estão regulamentadas por que organismo regulador, etc. Isto pode exigir algumas alterações na legislação; talvez certas informações devessem ser de fornecimento obrigatório para que as pessoas pudessem aceder a elas. Os dados sobre os investimentos dos diferentes fundos, numa perspetiva de sustentabilidade, também poderiam contribuir para investimentos mais conscientes. A transparência e o acesso à informação têm a ver com a promoção da boa governação e de um comportamento honesto, permitindo decisões informadas e igualando um pouco as relações de poder. Isto poderia também criar novas possibilidades de inovação e oportunidades de negócio na economia da informação digital.

Tributação automatizada e cidadania global

Um elemento fundamental das sociedades democráticas é a existência de uma forma de tributação para financiar os serviços públicos. A fiscalidade tem também um papel crucial na promoção da solidariedade e da comunidade. É uma forma de coordenar certas actividades no seio de uma sociedade que cada indivíduo não pode fazer por si só. Os investimentos de capital também são tributados em muitos países, mas há também locais que são os chamados paraísos fiscais. É também aí que se situam os grandes bancos, segundo alguns dos entrevistados. Com exceção de Londres, a localização geográfica mais comum para os corretores foi a Suíça, que promoveram como um local para contornar os impostos. A economia digital permite esconder facilmente o capital das autoridades fiscais e movimentá-lo de forma a diminuir o rendimento tributável. Trata-se de um desafio para as sociedades democráticas e para a ideia do que fazemos em comum.

Do ponto de vista do cliente, é muito complicado declarar transacções em linha. Na Suécia, por exemplo, é necessário declarar cada posição, incluindo a taxa de câmbio do valor em coroas suecas na altura da abertura da posição, bem como na altura do fecho da posição (o que torna o cálculo bastante difícil se for utilizada alavancagem e a taxa de câmbio for diferente). Ao mesmo tempo, a hora de fecho da posição pode não ser a hora em que o dinheiro é retirado e convertido em coroas suecas, razão pela qual o valor pode diminuir ou aumentar a partir do momento em que a posição foi fechada. Existem diferentes formas de cálculo para diferentes activos. Se negociar frequentemente, haverá muitas transacções a calcular. Algumas empresas enviam informações à agência fiscal, enquanto outras não o fazem, e nesse caso o cliente tem de o fazer ele próprio. Em vez de o deixar a cargo do cliente, seria muito mais fácil se fosse automatizado. Da mesma forma que há comissões para o corretor e para o banco durante as transacções, seria mais fácil se os impostos fossem também automatizados. Trata-se de uma questão de colaboração e de interoperabilidade entre as autoridades fiscais e as empresas, e é disso que se trata a governação eletrónica: colaborar para facilitar aos clientes e aos cidadãos. A situação atual é impraticável.

Como já foi referido, a produção de riqueza inclui também a produção de riscos, que tende a misturar-se com a pobreza. Há uma distribuição desigual dos meios de acesso aos recursos e diferentes tipos de poder que privilegiam uns e excluem outros. Como fazemos parte do mesmo sistema, somos também coletivamente responsáveis pelo todo. Não é sustentável continuar a competição global pelo controlo dos recursos; temos de adotar uma abordagem global do desenvolvimento económico e fazer esforços comuns. Uma parte dos impostos provenientes das operações de mercado poderia, portanto, ser afetada a diferentes projectos em partes mais periféricas da economia global, bem como à gestão de riscos, devido ao aumento dos riscos de diferentes tipos, como os efeitos das alterações climáticas, da degradação ambiental, das crises financeiras, etc. Construir ambientes e sociedades que tenham sido expostos a diferentes catástrofes em resultado de actividades humanas produzidas principalmente no centro da economia global. Uma abordagem global do equilíbrio económico poderia também contribuir para um sentido de cidadania global e de humanidade global.

Juntamente com meios mais eficientes de tributação e declaração, deve haver uma gestão mais transparente dos recursos públicos, e devem ser consideradas novas formas de consulta em torno da orçamentação, para reduzir os problemas de corrupção e a influência de lobistas fortes no mercado. Em ambas as práticas, a manutenção de registos fiáveis tem um papel central, bem como o papel do arquivista como terceiro imparcial e de confiança.

8. Realidades em mudança - do particular para o todo

No caso do comércio em linha, em que foram reconhecidos vários desafios relacionados com questões técnicas, de manutenção de registos, regulamentares e pessoais, não existe uma "solução rápida", mas sim aspectos mais profundos que devem ser abordados, tanto a nível do sistema como das pessoas. O comércio em linha é um "espaço" próprio e está relacionado com outros aspectos da sociedade, tanto a nível individual, empresarial e societal, como com o ambiente circundante. Não existe num vácuo. Inclui desejos, valores e normas que são produzidos em toda a sociedade, entre as pessoas, pela ciência, nas práticas empresariais, nas culturas profissionais, etc., sendo ambos afectados e participando na formação dos motores do mercado. É por isso que a secção seguinte incluirá tanto um nível individual como uma perspetiva social mais ampla na discussão da mudança.

Se a situação atual não corresponde ao que pretendemos criar, temos de encontrar formas de a alterar e de introduzir melhorias. Nos debates sobre a mudança, temos de pensar tanto no pequeno como no grande, e no que está dentro e entre as pessoas, bem como no sistema e nas estruturas circundantes. Somos indivíduos, agindo em relações, num contexto social, num planeta com outras espécies. Temos de aceitar tudo isto para criar um desenvolvimento sustentável. Tanto na perspetiva individual, em que um indivíduo não se considera apenas a si próprio quando faz escolhas, mas também as suas relações, a sociedade em que vive e o ambiente de que todos fazemos parte. Ao planear e tomar decisões a nível social ou organizacional/empresarial, a perspetiva individual também tem de ser incluída, bem como a interação entre estes níveis e a influência de diferentes factores, tanto implícitos como explícitos. Quando se trata de aspectos culturais e da forma como a realidade é percepcionada e moldada, o conceito de discurso pode ser útil. O discurso diz respeito à forma como o conhecimento e a prática social são moldados, mantidos ou alterados e como diferentes ideologias, valores e práticas dominam, são vistos como naturais e tornam-se a norma. O discurso inclui a forma como a linguagem e a comunicação se manifestam e se reflectem, mas também constitui relações e contextos institucionais e, desta forma, faz parte da construção, manutenção e mudança das relações de poder e das percepções das realidades (Fairclough, 1992). Os discursos podem existir dentro de um determinado domínio, mas também há discursos que dominam a uma escala social mais ampla. Muitas vezes, as pessoas envolvidas não estão conscientes da forma como os seus conhecimentos, valores, perspectivas, práticas e hábitos contribuem para determinadas relações de poder, enquanto noutros casos é algo que pode ser utilizado para dominar de propósito, ou para cessar o domínio e trabalhar para mudar um contexto social. A estrutura social e tecnológica influencia as relações e os comportamentos das pessoas, mas também é alterada pelos indivíduos e pelas relações devido à ação dos diferentes actores. A informação tem um papel central na formação, manutenção e alteração dos discursos. Os investimentos com recursos alocativos, autoritários e conceptuais podem criar novos discursos, ou estabelecer ou reforçar os já existentes. Isto é algo a ter em conta nas profissões da informação. Esta secção abordará a relação entre indivíduo e estrutura e a agência potencial que pode conduzir à mudança. Em seguida, a secção discutirá a mudança das relações de poder, particularmente relacionadas com o papel do consumidor, após o que será abordada a construção de discursos. Uma parte importante é a forma como o mundo é entendido, que valores e prioridades são dominantes e promovidos, que práticas são realizadas, que investimentos são feitos e como as actividades e estruturas das sociedades são organizadas e autorizadas como parte da criação de realidades.

Indivíduos, contexto e perceção, e formação de realidades

Para que a individualização funcione, é necessária uma maior consciencialização dos papéis, possibilidades, relações e responsabilidades dos indivíduos em relação ao ambiente que os rodeia. Se tal não acontecer, muitas pessoas acabarão por se encontrar em situações de grande risco. Também é preciso considerar o risco de uma maior vulnerabilidade dos indivíduos. Se o desenvolvimento se baseia na ideia de que os indivíduos assumem, em grande medida, a responsabilidade pelas suas escolhas e pela criação das suas próprias vidas, temos de desenvolver infra-estruturas que tenham em conta os riscos de grandes diferenças de poder. Isto está, em grande medida, relacionado com o acesso à informação e a outros recursos. Se a tónica for colocada na agência individual, temos também de desenvolver ambientes que apoiem este tipo de competências e de ter em conta que há quem não tenha competências deste tipo, ou seja, que as pessoas são diferentes.

Nos debates sobre a inclusão relacionada com o crescimento económico, bem como na análise de quem ganha com um determinado desenvolvimento e de quem não ganha, da forma como isso se expressa e dos efeitos que tem nas sociedades em geral, podem ser aplicadas diferentes abordagens. Algumas pessoas abordam a questão de uma perspetiva individual e centram-se nas limitações internas pessoais, enquanto outras se concentram em elementos estruturais externos que facilitam para uns e limitam para outros. Penso que temos de considerar ambas as perspectivas e que existe uma interação entre elas. Trata-se de ter em conta o maior número possível de factores, sem fazer das pessoas vítimas, mas antes reforçando a capacidade de ação e, por exemplo, as competências digitais, bem como introduzindo alterações a nível estrutural. Na nossa coexistência, há uma constante criação de significado, compreensão da realidade, ser e interação social. Diferentes normas e valores são moldados e alterados, influenciando a forma como organizamos as sociedades e nos percepcionamos em relação aos outros, onde certos valores, entendimentos e práticas tendem a dominar. A realidade da vida quotidiana pode ser interpretada, comunicada e realizada de diferentes formas. Também pode ser realizada através de diferentes práticas em que os indivíduos se percepcionam a si próprios em relação às estruturas dominantes de diferentes formas (Lindblad-Gidlund, 2005). Nestes processos, os registos desempenham um papel central, razão pela qual é importante que o domínio arquivístico, bem como outros profissionais da informação e das TI, estejam conscientes deste facto.

Uma abordagem construtivista social vê as realidades como socialmente construídas, o que também implica uma escolha. Nós, enquanto indivíduos e colectivos, podemos escolher a direção do desenvolvimento em diferentes domínios. Trata-se de uma agência a diferentes níveis, que inclui a relação dos indivíduos com os sistemas e desenvolvimentos societais. Trata-se da perceção que o indivíduo tem da sua própria capacidade de agir e do seu poder pessoal em relação ao ambiente que o rodeia; o que a pessoa vê como realista e imaginável, bem como se o indivíduo se vê a si próprio como um participante ativo na formação da sociedade ou se adoptou um papel passivo em relação aos processos sociais. Não existem "forças externas" fora do controlo humano na sociedade humana. No entanto, tanto a economia como a tecnologia tendem a ser áreas que parecem ser vistas como se possuíssem algum tipo de força interna superior à do ser humano, transformando-se numa espécie de determinismo tecnoeconómico. Apesar de ser criada pelo ser humano. No entanto, para que os indivíduos e os colectivos possam criar as suas vidas, é necessário um terreno comum e certos princípios para gerir as relações de uma forma justa e equitativa. Caso contrário, facilmente se transformará numa luta constante pelos recursos e por quem deve dominar quem. Se não tivermos algumas regras, conhecimentos, valores e princípios comuns básicos com os quais nos possamos relacionar, podem ser cometidos todos os tipos de actos horríveis sem que ninguém tenha de prestar contas por isso. Sem um conhecimento e meios comuns sobre o que é considerado fiável, a manipulação, a propaganda e a versão mais forte da realidade serão dominantes. É por isso que é importante haver uma criação de conhecimento imparcial numa sociedade, onde o conhecimento não esteja dependente dos interesses de certos actores do mercado ou de uma agenda governamental específica.

Quando se trata de questões culturais, valores, atitudes e comportamentos, estes são frequentemente difíceis de mudar. O que é feito regularmente, e por uma maioria, tende a ser visto como "normal" e não é questionado (Lindblad-Gidlund, 2005). Outras possibilidades parecem não estar disponíveis, porque ainda não foram experimentadas. Além disso, para algumas pessoas, a realidade tal como é entendida e organizada pode funcionar bem, enquanto para outras não funciona. Existem diferentes tipos de padrões culturais e estruturas sociais em muitas camadas, em diferentes contextos. O contexto pode ser familiar, entre amigos, comunidades, tradições culturais, domínios profissionais, países, etc. Diferentes valores, comportamentos, tradições e práticas, bem como a forma como as sociedades estão organizadas, afectam a realidade que as pessoas criam.

Desta forma, as realidades podem ser percepcionadas de formas muito diferentes para pessoas diferentes, devido às diferentes possibilidades disponíveis ou percepcionadas como disponíveis - bem como ao que é efetivamente desejado. É importante ter consciência deste facto se pessoas de contextos muito diferentes vão trabalhar em conjunto num ambiente global, mas também para permitir diferentes formas de criar sociedades. Alguns gostam de alta tecnologia, outros não. Alguns gostam do capitalismo, outros preferem outras formas de organizar as sociedades. É aqui que a reflexividade se torna importante: criar consciência do que é efetivamente desejável para os indivíduos, as organizações e as sociedades, e quais as formas possíveis e preferidas. Isto também está relacionado com a questão da confiança, de confiar em si próprio, mesmo que a maioria tenha outras preferências. No entanto, os processos de reflexividade mudam as pessoas, as organizações e as sociedades, as pessoas podem melhorar a sua capacidade de ação, competências e conhecimentos e alterar as relações de poder e as condições de interação.

A discussão acima referida diz respeito à forma de abordar as questões de quem tem acesso às possibilidades e vantagens do desenvolvimento tecnológico e de quem experimenta os seus inconvenientes e desvantagens. Estas questões devem ser abordadas não só de uma perspetiva individual e da perceção que a pessoa tem da realidade e do seu lugar no mundo, mas também em relação aos padrões societais de concentração de poder, inclusão e exclusão e formação de normas e valores, em processos e mecanismos complexos que se intersectam e estão integrados nos sistemas de informação. Uma maior sensibilização dos utilizadores pode aumentar a sua capacidade de intervenção e uma maior sensibilização para os factores a ter em conta pode ser abordada na conceção e baseada na vertente empresarial e social, a fim de promover condições mais equitativas na infraestrutura digital. O fator essencial é aumentar a confiança, tanto nas pessoas como na infraestrutura.

Individualização

Em contextos de individualização, um impulso central para criar melhorias nas realidades financeiras são os desejos e a necessidade de liberdade e auto-realização. O dinheiro é uma ferramenta que pode ser utilizada nestes processos, o que implica também uma procura de significado e a libertação de dependências de estruturas e de trabalho mecanizado que criam alienação, com uma procura subjacente de maior felicidade e bem-estar. Incluído neste processo de individualização está um esforço por modos de vida individuais e pela transformação social de formas de vida previsíveis e padronizadas moldadas na sociedade industrial, relacionadas com aspectos como os papéis de género, a estratificação de classes e o trabalho, bem como a mobilização e a globalização (Beck, 1992). A individualização implica um afastamento das formas e compromissos sociais prescritos, bem como dos contextos tradicionais de apoio e domínio. Segue-se uma fase de perda de estabilidade, de segurança tradicional e de normas orientadoras. Segue-se uma fase de reintegração com novos significados, normas e valores, com novos tipos de compromissos sociais e reintegração (Beck, 1992). Nestes processos há mudanças objectivas, mas também percepções subjectivas, incluindo a formação da identidade e a personalização. A realidade percebida e o sentido interior de liberdade de uma pessoa não têm de ser predeterminados por determinadas condições externas, mas podem ser diferentes para pessoas diferentes. Um tema central, contudo, é que os indivíduos são os agentes das suas vidas e é o indivíduo que decide a sua vida, não os costumes sociais prescritos, a classe, a família ou outros factores externos. As pessoas procuram um significado e um sentido interno de valor, em vez de autoridades externas. No entanto, apesar de haver uma libertação dos laços tradicionais, criam-se novas dependências em relação ao mercado, em diferentes dimensões da vida (Beck, 1992). Com a globalização dos processos de mercado, assiste-se também a uma estandardização e a tendências de alienação, em que as vidas e as identidades são expressas pelo consumo. Apesar de haver tendências para concentrações de capital e poder muito dominantes, a digitalização permite que as pessoas criem as suas próprias redes e locais de interação e expressão, bem como soluções financeiras. Moedas digitais, economias de partilha e aplicações para artigos em segunda mão são exemplos de novas formas de intercâmbio que a tecnologia permite. Isto abre espaço para uma maior diversidade e multiplicidade, desde que não seja dominada por uma única ideia de como as pessoas devem viver as suas vidas ou de como as sociedades devem ser organizadas. As possibilidades de uma melhor participação em diferentes processos - tanto democráticos como de consumo - alteram a situação de consumo de massas estandardizado e permitem novas formas de viver e interagir. A inclusão não significa tentar encaixar toda a gente no mesmo buraco quadrado, mas sim permitir múltiplas formas de viver e organizar a coexistência. No entanto, as novas possibilidades também trazem novos riscos e permitem que diferentes actores assumam uma posição de poder e controlo, algo que penso que podemos ver no caso das moedas digitais, por exemplo.

Com a individualização, aumentam os riscos pessoais (Beck, 1992), e o indivíduo tem de assumir maior responsabilidade pelas suas acções e escolhas. Para que a individualização não se transforme em egoísmo, os valores que promovem a empatia e a preocupação com os outros, a responsabilidade e uma mentalidade holística que considera os efeitos das escolhas de cada um no ambiente circundante - incluindo outras pessoas, o ambiente e outras espécies - devem ser alinhados com os modelos empresariais. Como os processos de individualização podem ser um desafio, é importante permitir formas de estruturas de apoio. Se a família prestava apoio aos indivíduos nas sociedades tradicionais e o Estado-providência durante a modernização, temos agora de encontrar novas formas de prestar apoio como parte de um ambiente que promova o crescimento das pessoas. A criação de confiança nas redes e o reforço da colegialidade são duas possibilidades para o efeito. A verdadeira individualização significa que a utilização do dinheiro já não tem a ver com competição e domínio. Em vez disso, tem a ver com o percurso de cada um neste mundo, em interação com os outros, onde somos mais um contributo para os outros do que concorrentes. Neste contexto, também acredito que a vida profissional pode ter um papel importante. Atualmente, uma ideia comum é estar mais interessado em escapar ao trabalho e procurar dinheiro para encontrar uma forma de sair do trabalho. Por conseguinte, é importante mudar as condições da vida profissional; reduzir o stress, mudar a cultura de gestão, aumentar a democracia no local de trabalho e o controlo dos trabalhadores sobre a sua situação laboral, dar maior ênfase às relações de trabalho, à cultura social e muito mais. A vida não é apenas ser livre para não fazer nada, é também uma questão de criação, e a vida ativa é uma plataforma para a criação humana e proporciona um contexto social importante.

Agência e estrutura

À medida que as pessoas interagem umas com as outras no âmbito de diferentes sistemas e estruturas, existe um processo dialético entre a capacidade de agência e o espaço de ação de um indivíduo e a adaptação às circunstâncias, normas, regras e códigos culturais. Valores internos versus valores externos. Há também uma mudança contínua; nada é estático. Este facto pode criar tensão, mas também apoio. Uma pessoa pode estar num ambiente com valores contraditórios e ser levada a fazer coisas que não quer por pressão externa. Podem ser ambientes que aceitam e permitem que as pessoas se aproveitem dos outros, ou podem ser ambientes que promovem valores e comportamentos justos que não são abusivos para os outros. Também é possível que os indivíduos afectem o seu ambiente.

Para compreender e alterar diferentes comportamentos e padrões de cultura informacional, como no caso do comércio em linha, a relação entre as acções de uma pessoa e o ambiente que a rodeia é fundamental. Uma vez que as estruturas técnico-informacionais fazem parte do contexto estrutural, é igualmente importante ter consciência do modo como podem afetar os indivíduos, bem como os padrões socioculturais, sendo necessária mais investigação. Os teóricos sociais têm discutido esta complexidade e a ideia de Giddens da teoria da estruturação é útil para clarificar o que pode ser constrangedor ou facilitador em relação aos esforços e ao comportamento das pessoas. Neste contexto, são centrais os conceitos de agência e estrutura. A agência refere-se ao "carácter ativo e reflexivo da conduta humana" (Giddens, 1984, p. xvi). Os seres humanos têm capacidades reflexivas, o que permite aos agentes questionar e compreender padrões, acontecimentos e correlações. Significa também ser um agente com objectivos, movido por diferentes motivações racionalizadas (Giddens, 1984). A reflexividade diz respeito não só ao eu, mas também ao que nos rodeia, ao contexto social e físico. A agência é uma escolha ativa para fazer algo, frequentemente relacionada com a reflexividade. As estruturas, no entanto, incluem rotinas, como as acções do dia a dia que não exigem muita escolha ativa. As estruturas têm regras e recursos que reproduzem o sistema e as estruturas de uma forma institucionalizada, para além de apoiarem determinadas relações de poder. Estabiliza as relações ao longo do tempo e do espaço. Os recursos podem ser *autoritários* e *alocativos*. Os recursos autoritativos derivam da coordenação das actividades humanas. Os recursos alocativos estão relacionados com o controlo dos aspectos materiais do mundo. Relacionado com isto está o modo como certas práticas são apoiadas por recursos, são rotinizadas e como se tornam parte da prática estrutural e estabelecem certos discursos, que têm o seu significado e valores e influenciam a forma como as pessoas pensam e agem (Giddens, 1984). Podem também ser acrescentados os recursos *conceptuais*, que incluem recursos para a definição de realidades e que influenciam as mentalidades e a forma como as pessoas pensam. Isto está relacionado com a geração de conhecimentos e com a forma como as estruturas e as práticas influenciam as formas de pensar. A influência nas estruturas baseia-se em parte no acesso aos recursos que as podem afetar. O ambiente informático-técnico é uma condição central para a forma como os processos são realizados e inclui as rotinas dos actores e, por conseguinte, o que se torna normalizado. No caso do comércio em linha, as condições estruturais - neste caso, o ambiente informático-técnico e empresarial, bem como o conhecimento aceite sobre as relações económicas e a forma como são realizadas na prática - criam condições que promovem determinados aspectos com os quais o indivíduo se relaciona. Faz parte da formação dos valores culturais e das escolhas individuais relacionadas com os valores pessoais e com o espaço de ação disponível. Nestes processos, as pessoas são diferentes em termos do que questionam ou aceitam, se estão inclinadas a quebrar normas e estruturas e a criar novos caminhos, ou a adaptar-se às condições existentes e aos principais fluxos, o que também é afetado pela posição que a pessoa ocupa. Nos debates sobre a mudança de normas culturais, a agência é crucial.

A motivação e a racionalização de determinadas acções conduzem a consequências intencionais e não intencionais, caso sejam postas em prática. As razões referem-se a motivos para a ação, enquanto a motivação se refere a vontades e desejos e ao potencial de ação. A agência refere-se às acções concretas das pessoas e não apenas às suas intenções. Tem a ver com a capacidade de fazer algo e com o facto de que certas coisas não teriam acontecido se uma pessoa não tivesse agido. Está relacionada com o poder, uma capacidade de fazer algo. Envolve a capacidade de intervir no mundo, de influenciar. O poder é uma capacidade de obter resultados (Giddens, 1984). Neste sentido, não tem nada a ver com violência, força ou ameaça. É antes uma capacidade de utilizar regras e recursos e estruturar a realidade de uma forma vantajosa. Está relacionada com os constrangimentos com que a pessoa em questão tem de lidar, tais como diferentes formas de discriminação relacionadas com a pessoa em questão, papéis projectados, que competências ou traços de personalidade são valorizados, a conceção do ambiente técnico ou outras condições estruturais que não são favoráveis à pessoa. É uma questão de saber quais as possibilidades que a pessoa tem *efetivamente* e quais as possibilidades que a pessoa *considera* ter. A agência tem a ver com o facto de não se ser vítima, apesar de existirem circunstâncias que trabalham contra a pessoa - quer internas quer externas. As estruturas de dominação podem ser incorporadas nas instituições sociais e nos ambientes técnicos, mas também podem ser alteradas. As pessoas têm capacidade de intervenção, mas também são afectadas pelo contexto, no qual os recursos, quando utilizados, apoiam ou alteram estruturas que tendem a favorecer alguns actores e a restringir outros. Esta interação e interação entre agentes e estruturas é o que Giddens designa por "dualidade da estrutura". Ambos se afectam mutuamente. Uma propriedade central da ação humana é a consciência das regras sociais. Este facto confere à pessoa uma maior capacidade de exercer o seu poder pessoal e de agir no mundo. Para explicar isto de forma mais simples: uma pessoa vive numa sociedade entre outras pessoas, onde certas prioridades são estabelecidas em resultado de regras, investimentos e certos conhecimentos. Tudo isto se baseia em valores e ideias sobre o que é importante e valioso; sustenta uma certa forma de estruturar a realidade e a convivência, de organizar as sociedades, as trocas e a vida e de se tornar "socialmente aceite", bem como de moldar as condições de interação (como o ambiente informático).

Algumas pessoas têm mais influência na definição do que é considerado importante, valioso e na forma como percepcionamos e nos relacionamos com o mundo, o que apoia as suas ideias sobre o mundo e a forma como este deve ser organizado, que prioridades devem ser estabelecidas, que regras devem ser incluídas, etc. Alguns têm influência na definição do que é entendido como conhecimento credível, que depois se infiltra na perceção que as pessoas têm do mundo e se torna "o normal". É também por esta razão que existem formas e estruturas para a democracia e a criação de conhecimento, de modo a torná-las transparentes e a permitir que as pessoas se relacionem com elas. As pessoas são diferentes e têm diferentes possibilidades disponíveis, mas é importante tornar visíveis as diferenças de poder e os mecanismos estruturais de discriminação para permitir um mundo tão justo e não opressivo quanto possível.

Esta discussão sobre os indivíduos, a agência e a relação com as estruturas pode parecer um pouco abstrata e teórica. O ponto central é que, se quisermos mudar as coisas estruturalmente para criar futuros financeiros sustentáveis, é necessária a ação dos actores a diferentes níveis da sociedade, para mostrar o caminho para algo diferente e quebrar as normas.

Representantes do sector empresarial, do sector político, bem como

os indivíduos têm de assumir uma maior responsabilidade pessoal, a par de uma maior liberdade.

No fundo, é também isto que todos nós enfrentamos no desempenho das nossas vidas, e ter consciência desta relação entre valores internos e externos e diferentes pressões pode facilitar a navegação no mundo e a criação da vida desejada e em que se acredita. Uma parte importante deste processo é desenvolver a auto-consciência através da reflexividade e desenvolver a integridade dos valores internos, bem como a preocupação com o mundo que nos rodeia. Não se trata de um indivíduo fazer tudo o que quer, mas sim de tornar a interação entre o indivíduo e as estruturas mais interoperável e suave, e menos ligada à luta e ao domínio. Inclui também a abertura de mais possibilidades, para permitir a criação de uma variedade de vidas e intercâmbios entre as pessoas. A inclusão pode ser tanto a abertura de espaços a que outros têm acesso (como o ambiente digital), mas também a permissão de diferentes formas de organizar e estruturar a realidade e a coexistência, as percepções do mundo e o acesso a diferentes recursos. Isto é, em vez de tornar o discurso dominante ainda mais dominante e apoiar uma concentração ainda maior de poder em determinados actores para gerar a sua perceção de como a realidade deve ser estruturada. Para que a reflexividade seja efectiva, tem de ser desenvolvida em consonância com a criação de conhecimento e ter um equilíbrio entre aspectos e condições internos e externos.

Recursos para criar ou alterar um discurso

Como já foi referido, diferentes tipos de recursos fazem parte do controlo e da produção de um discurso, designados por recursos conceptuais, recursos alocativos e recursos de autoridade. Estes também podem ser vistos como recursos de poder e meios para criar ou alterar um discurso dominante. Em todos os tipos de recursos mencionados, os registos têm um papel importante. Podem ser representados por registos, bem como transmitidos e estabelecidos por registos.

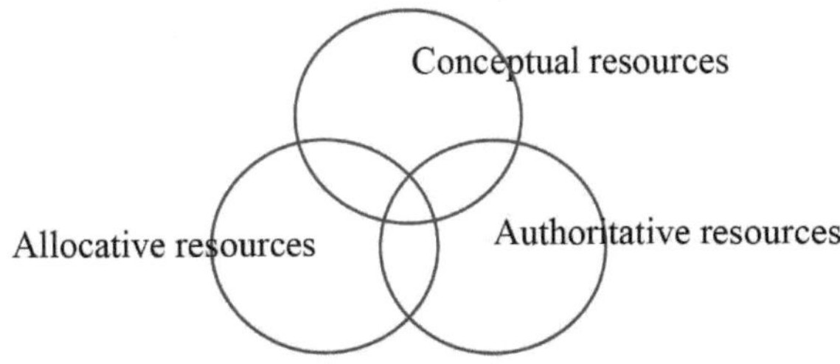

Figura 3. Ilustração dos diferentes recursos de poder e de criação de um discurso

A ideia é ilustrar os diferentes tipos de recursos que podem ser utilizados para influenciar um discurso.

Os recursos conceptuais são meios para influenciar a forma como as pessoas pensam, compreendem e definem a realidade. Incluem conhecimentos, conceitos, informação, consciencialização, ideias, valores, atitudes e formulação de ideologias, que também estão incorporados nas formas de recursos autoritativos e alocativos. Inclui também competências e ferramentas para formular visões, objectivos e definir orientações para o futuro. As compreensões conceptuais das realidades podem ser utilizadas para motivar a orientação e os investimentos dos recursos de autoridade e de afetação, ou para alterar a orientação e as prioridades. Como refere McKemmish (2005), os registos têm um papel importante na criação de narrativas e o que é comunicado, recordado e passa a fazer parte do entendimento comum dos fenómenos.

Os recursos de autoridade incluem, por exemplo, regras e regulamentos, intervenção, auditoria, registos, supervisão e responsabilização. Podem ser utilizados para apoiar um determinado discurso e uma determinada realidade concetual, ou para a alterar. Organiza as práticas, os papéis e as responsabilidades, as relações de poder, os comportamentos e influencia os valores, bem como a compreensão do mundo. É importante para legitimar determinadas prioridades.

Os recursos alocativos incluem dinheiro, pessoal, tempo, registos, capacidade de atribuir recursos a determinadas tarefas a realizar. Os recursos alocativos dão prioridade a certas tarefas a realizar, a certas ideias a concretizar e, através do mundo material, influenciam a forma como as pessoas percepcionam a realidade.

Estes três aspectos interagem, apoiam-se e desafiam-se mutuamente. Um determinado discurso pode ser apoiado por recursos alocativos, autoritários e conceptuais, bem como desafiado por qualquer um deles ou por todos eles. Como os processos de financeirização e capitalização tendem a dominar, pode dizer-se que o círculo de recursos alocativos desempenha um papel mais importante na influência tanto do discurso como da forma como os recursos conceptuais e de autoridade são utilizados. Seria interessante investigar mais aprofundadamente a relação entre estas formas de recursos e a forma como os discursos são gerados na paisagem global atual. No que diz respeito às diferenças de poder, estas estão relacionadas com quem tem acesso a este tipo de recursos para criar o que quer e quem pode influenciar o mundo. Pode ser o resultado de uma pessoa que "combina" com as estruturas, mas também requer agência e é o resultado de acções. Tal como as estruturas são mais vantajosas para algumas pessoas, outras estão mais inclinadas a trabalhar arduamente para chegarem onde querem. Como já foi referido: as pessoas são diferentes. Tal como pode haver desigualdades no que diz respeito à forma como as estruturas apoiam algumas pessoas e prejudicam outras, seria injusto se um maior esforço não fosse recompensado. Se não fosse recompensado, seria também uma exploração dos recursos humanos.

Existem também diferenças no que as pessoas consideram possível, o que está relacionado com a perceção de si próprio e com a sua posição no mundo. As dependências diminuem a auto-confiança e criam uma dependência dos outros para obter rendimentos. Isto leva à abordagem de que se *obtém* o rendimento *dos* outros, em vez de o *criar* para si próprio. Além disso, de uma perspetiva dominante, a criação de dependências é uma forma de instituir relações de controlo e poder sobre os outros. As estruturas dos centros e das periferias tendem a reforçar a ideia de que os recursos se encontram num centro externo e que a mudança é conseguida influenciando os que estão no centro. Uma forma diferente de pensar sobre isto é assumir que cada um está no centro das suas próprias vidas, que é o que a individualização procura alcançar, bem como o empowerment.

As discussões sobre estruturas, agência, discurso e poder podem ser aplicadas em considerações de mudança a nível estrutural, societal/domínio, uma vez que incluem mentalidades, práticas e a forma como os recursos são utilizados. Embora o nível macro possa parecer difícil de mudar, há sempre formas de o fazer; acima de tudo, é necessária coragem por parte das pessoas para quebrar a norma do seu domínio e fazer as coisas de forma diferente. É também relevante nos debates sobre a regulamentação e o desenvolvimento de códigos de ética no âmbito da profissão. Este debate pode ser utilizado para questionar valores e atitudes que são considerados "normais", bem como para trabalhar ativamente no sentido da mudança de diferentes formas, através da regulamentação, das mentalidades e da utilização de recursos alocativos.

Se o discurso em torno do dinheiro e das finanças tem tendido a criar muita destruição, temos de analisar os aspectos alocativos, autoritários e conceptuais para o mudar. Trata-se de saber como criar um discurso que promova a sustentabilidade a todos os níveis; quais os conhecimentos e a compreensão concetual em torno do dinheiro e das finanças que o apoiariam, como são utilizados os recursos alocativos que apoiam um desenvolvimento sustentável e quais os meios oficiais aplicados para apoiar e promover uma governação financeira e uma cultura financeira sustentáveis. Em todos estes três aspectos, os registos e a gestão de registos têm um papel central, razão pela qual é relevante discuti-los em relação à governação financeira, às políticas financeiras e à ciência económica.

Informação e relações de poder

A informação tem um valor económico. É utilizada como matéria-prima no desenvolvimento de serviços que geram riqueza económica. Os registos podem também garantir direitos económicos e proteger activos económicos. O influxo de informação é simultaneamente um influxo de matéria-prima e de recursos. A informação é simultaneamente um recurso alocativo, de autoridade e concetual. É por isso que um fluxo de informação aumenta as possibilidades de impacto no mundo circundante. Pode proporcionar possibilidades de controlo, afetação de capital e influência na comunicação e na forma como a realidade é entendida. Deste modo, a informação é central na construção de realidades e nas relações de poder na sociedade.

Relativamente ao exemplo do comércio em linha, o dinheiro (sob a forma de informação, que pode ser trocada por dinheiro físico) flui em determinadas direcções, o que significa uma atribuição de poder monetário (recursos de afetação) a alguém. O acesso a informações exactas e fiáveis é fundamental para o desempenho no mercado. Uma vantagem é também o acesso a informações sobre potenciais clientes, que são recolhidas na Internet de diferentes formas e vendidas no mercado. Os clientes têm de fornecer à empresa determinados registos e há muita informação que flui dos utilizadores para as empresas, para além de a comunicação ser controlada de diferentes formas. Ao mesmo tempo, há também um fluxo de conhecimentos especializados da profissão para os clientes, ou seja, a informação é partilhada. A questão é saber como a informação é utilizada e quais os aspectos éticos e os riscos neste "ambiente de partilha de informação" que devemos considerar.

Talvez se possa dizer que os processos tradicionais foram construídos com base na retirada gratuita de matérias-primas (recursos naturais), com mão de obra barata, em diferentes cadeias de valor que fornecem produtos com elevado valor económico, que são vendidos aos consumidores. Isto implica uma concentração de recursos; dentro das cadeias de produção, e quando os consumidores dão recursos alocativos (sob a forma de dinheiro ou informação) aos que estão no topo da cadeia em troca desses produtos. Trata-se de processos lineares que se baseiam em modelos hierárquicos que levam a uma concentração de poder nos que estão no topo. Parece que isto pode mudar numa estrutura de rede digital. Poderá haver formas de processos mais colaborativos e descentralizados que possam dividir a riqueza de uma forma diferente. No entanto, ao mesmo tempo, as estruturas hierárquicas parecem aumentar ainda mais com a ajuda da tecnologia, e é também uma questão de ser incluído em redes de sucesso. Mais uma vez, é a intenção subjacente que cria o efeito.

Registos, conhecimentos e criação de futuros desejados

É frequente as pessoas associarem os arquivos à história e ao passado, mas eles também têm a ver com o futuro. Os documentos de visão e as estratégias são registos, bem como os documentos políticos e os regulamentos, que afectam o que é criado no futuro. Os registos de actividades passadas também podem ser utilizados para refletir sobre os resultados, aumentar a sensibilização e servir de base para as decisões. Faz parte da construção de conhecimentos que permitem melhorias para o futuro. Esta é a estratégia mais comum adoptada pelos corretores para melhorar o desempenho e a competência dos clientes. Desta forma, os registos e a gestão de registos são ferramentas importantes para a criação de uma base para decisões mais conscientes que conduzam ao futuro desejado, que também considera riscos e problemas que podem ser geridos de forma responsável.

Poder do consumidor

Nos debates sobre consumidores e poder, um argumento frequentemente invocado é o de que os consumidores podem exercer influência através dos produtos e serviços que compram e procuram. Isto é verdade, de certa forma, em função das opções que estão efetivamente disponíveis e da informação a que têm acesso, bem como dos quadros regulamentares existentes para proteger os direitos dos consumidores. O acesso à informação sobre as actividades das empresas, bem como o desenvolvimento de diferentes mecanismos para efeitos de responsabilização, seriam valiosos. É igualmente importante recordar que o comércio se limita às trocas de produtos e serviços, mas que existe também uma relação de poder mais fundamental entre produtor e consumidor. Do ponto de vista do consumidor, a aquisição de bens e serviços implica sempre a cedência de poder (sob a forma de dinheiro) àqueles que fornecem esses produtos e serviços. É por isso que a sociedade de consumo de massas é uma forma de reforçar a posição de certos actores no mundo e de diminuir o poder das pessoas em grande escala, enquanto o produtor recebe os recursos para criar a sua realidade. A elevada pressão social sobre o consumo e certas "necessidades" pode levar as pessoas a "consumir em excesso", a viver acima das suas possibilidades e a acabar em situações de dependência. De certa forma, ser consumidor é comprar e estabelecer a realidade de outra pessoa e a forma como esta estrutura o mundo, enquanto quem participa na criação de algo participa também na criação do mundo e não apenas naquilo que outra pessoa pensou. Estes papéis estão a mudar, em parte devido à digitalização, uma vez que esta torna possível a participação em diferentes processos de novas formas. Tal como o consumo diminui o capital do consumidor e as suas possibilidades de investimento e utilização futuros, o consumo de recursos naturais também reduz as possibilidades de futuro. O intenso consumo excessivo de recursos naturais, sem qualquer retorno de investimento em áreas naturais, leva-nos a todos à pobreza e à destruição, a não ser que comecemos a pagar e a restaurar áreas na natureza. Tem de haver mutualidade e reciprocidade, não só entre os seres humanos, mas também entre a sociedade humana e a natureza. No entanto, olhando para a área das actividades económicas, do ponto de vista do consumidor, é importante ter um melhor controlo da gestão pessoal do dinheiro, tanto a curto como a longo prazo. Isto inclui também as escolhas de consumo e não ser manipulado para investir em coisas diferentes, para além das poupanças a curto e a longo prazo, o planeamento da reforma e das gerações vindouras. Pode fazer parte de um processo de capacitação dos indivíduos para controlarem e gerirem a sua economia pessoal de forma consciente. Para este efeito, as ferramentas fintech podem ser úteis (Heyman

2017).

Comportamento (ir)racional e gestão dos riscos psicológicos

No debate sobre o empowerment, bem como sobre as melhorias a outros níveis, há que ter em conta as questões pessoais e culturais. Um domínio da economia que também aborda aspectos psicológicos é a economia comportamental. De acordo com Mullainathan e Thaler (2000), este domínio combina a psicologia e a economia e estuda o que acontece no mercado em resultado dos comportamentos e complicações humanos. Procura identificar como os comportamentos diferem dos modelos padrão e também mostrar como isso afecta a economia. Os autores argumentam que as pessoas nem sempre são racionais e tendem a desviar-se dos modelos padrão na economia. Discutem três exemplos de tais desvios: racionalidade limitada, força de vontade limitada e interesse próprio limitado. Isto significa que as pessoas têm capacidades cognitivas limitadas para resolver problemas, tomam por vezes decisões irracionais que nem sempre são favoráveis a longo prazo e podem também preferir ajudar os outros a dar prioridade ao seu próprio interesse (Mullainathan & Thaler, 2000). A ideia de "como as pessoas são" em relação às actividades económicas pode não ser verdadeira. Tradicionalmente, a economia conceptualiza um mundo povoado por maximizadores calculistas e sem emoção que foram apelidados de Homo Economicus. De certa forma, a economia neo-clássica definiu-se a si própria como explicitamente "anti-comportamental". De facto, praticamente todo o comportamento estudado pelos psicólogos cognitivos e sociais é ignorado ou excluído num quadro económico padrão (Mullainathan & Thaler, 2000, p. 3).

A ideia de racionalidade tem sido muito forte no discurso económico, onde muitos argumentaram que as forças do mercado combinadas com a evolução criarão um resultado de acordo com previsões racionais. Afirma-se que o mercado pode dar incentivos às pessoas, mas que não obriga ninguém *por si só*. As pessoas têm de fazer escolhas. Não se pode confiar nos mercados para tornar as pessoas racionais. Os argumentos evolucionistas, segundo os quais os actores "não-racionais" não sobreviverão, também não são verdadeiros, uma vez que, por vezes, o comportamento não-racional produz um melhor resultado. A ideia de que os indivíduos aprendem com os seus erros e nunca os repetem é outra coisa que não é verdade. Pode haver uma falta de aprendizagem e o custo de tentar algo novo pode ser elevado. Mullainathan e Thaler defendem que a teoria não é suficiente para compreender o comportamento racional ou irracional, que tem de ser estudado empiricamente. Apresentam um exemplo em que certas pessoas, demasiado confiantes nas suas capacidades, fazem transacções sem terem acesso a informações suficientes e fiáveis. Este facto explica uma anomalia importante dos mercados financeiros, que se baseiam na ideia de escolhas racionais (Mullainathan & Thaler, 2000). Há também uma quantidade limitada de informação que pode ser processada e interpretada, razão pela qual há uma quantidade específica de informação que é considerada no processo de decisão. Os atalhos mentais e as avaliações são respostas comuns que limitam a interpretação e podem resultar em erros e conclusões erróneas (Jolls, Sunstein &

Thaler, 1998).

Existe uma ideia relacionada com a perspetiva da manutenção de registos, segundo a qual o acesso à informação "correta" dará aos actores os meios para tomarem decisões "racionais". De acordo com Mullainathan e Thaler (2000), os indivíduos por vezes não escolhem o que é melhor para eles, por razões de autocontrolo. "A maior parte de nós já comeu, bebeu ou gastou demasiado, e fez exercício, poupou ou trabalhou demasiado pouco" (Mullainathan & Thaler, 2000, p. 7). As pessoas podem estar conscientes do que devem fazer e mesmo assim optar por não o fazer, porque a força de vontade simplesmente não é suficiente. No que diz respeito ao interesse próprio, que é expresso como um motivo primário na teoria económica mais importante, também nem sempre é esse o caso. Não se espera que os indivíduos contribuam para o bem público se o seu bem-estar privado não for melhorado. Mullainathan e Thaler (2000) afirmam que as pessoas são frequentemente altruístas nas suas acções, dão dinheiro a instituições de caridade, fazem trabalho voluntário e participam noutras actividades não remuneradas. As pessoas têm a capacidade de se preocuparem, ou de agirem como se se preocupassem, também quando se trata de estranhos. As pessoas também se preocupam em ser tratadas de forma justa, bem como em tratar os outros de forma justa, se estes também agirem de forma justa, o que faz com que os agentes ajam de forma mais amável uns com os outros (Jolls, Sunstein & Thaler, 1998). Isto também depende do facto de os actores confiarem que os outros se comportarão de forma justa. Os conhecimentos comportamentais podem prever comportamentos relacionados com as actividades económicas, além de serem relevantes para as leis e regulamentos. Os comportamentos não são apenas aleatórios e podem ser previstos, mas os modelos dominantes não têm em conta o comportamento *real* (Jolls, Sunstein & Thaler, 1998). A ideia do "utilizador racional da informação" e das acções e comportamentos que se esperam com o acesso à informação tem de ser reconsiderada. O acesso a boa informação não é suficiente, há também um fator humano na sua utilização. O modo como a informação é percebida, interpretada e utilizada. Há também uma tendência para utilizar informações que apoiam determinados juízos. Mas há um potencial a desenvolver. Os registos podem ser utilizados para autorreflexão e aprendizagem, e podem fazer parte de processos de auto-desenvolvimento e de gestão de riscos pessoais. Este poderia ser também um domínio de inovação, para desenvolver aplicações de auto-aperfeiçoamento. Tanto para os indivíduos como a nível organizacional e social. Os registos e arquivos fornecem informações sobre actividades passadas que podem ser utilizadas para melhorias, e existe um grande potencial para desenvolver melhores meios para facilitar a sua interpretação e análise. Além disso, existem grandes potencialidades para desenvolver melhores meios que facilitem a sua interpretação e análise, bem como aplicações para alterar padrões e comportamentos destrutivos e facilitar melhores decisões e rotinas. Relacionado com isto, seria também interessante estudar a forma como o comportamento dos actores se afecta mutuamente, como o comportamento das hordas, e qual o papel dos diferentes tipos de informação nesses processos sociais.

9. Introduzir um discurso de confiança para um crescimento sustentável

Nesta secção, serão destacadas algumas das perspectivas do que um discurso de confiança poderia incluir. As áreas que serão aqui abordadas baseiam-se no que foi central no estudo do comércio em linha: relações de confiança, profissionalismo, responsabilidade, cuidado e mutualidade. Serão abordados sobretudo aspectos culturais e, como já foi referido, há também necessidade de melhorar outras partes, como os aspectos tecnológicos e de manutenção de registos. No entanto, tudo é criado por seres humanos, com certos valores e prioridades, e é por isso que esta é uma prioridade aqui.

Em seguida, serão discutidos diferentes aspectos do crescimento sustentável, tais como o significado do crescimento humano, o significado do dinheiro e o crescimento sustentável.

Relações de confiança

Se, como no exemplo do comércio em linha, uma parte importante da criação de confiança é feita através de relações pessoais e não através de documentação formal, uma área de interesse deve ser a forma de desenvolver um profissionalismo digno de confiança e a confiança entre as pessoas. Isto diz respeito a aspectos culturais, valores, atitudes, comportamentos, aptidões, competências, etc. Neste domínio, os conceitos arquivísticos podem contribuir para o desenvolvimento de, por exemplo, códigos de conduta e normas éticas. Não se trata de substituir os registos e a gestão de registos, mas de abordar o aspeto humano em sistemas de informação complexos; trata-se de explorar a forma como os conceitos e princípios arquivísticos podem ser aplicados às pessoas.

Se os registos são uma mediação das relações, interações e trocas humanas, as ideias de fiabilidade dos registos podem também ser aplicáveis às relações e comportamentos humanos. As pessoas são os portadores de confiança, em termos das qualidades de *autenticidade, fiabilidade, integridade* e (em vez de usabilidade) *contribuição.* Outra questão é a de saber quais os processos contextuais e as infra-estruturas necessárias para promover esta confiança. Que requisitos para a conceção de sistemas de TI seriam relevantes? Como deve ser concebido um sistema de informação para promover a responsabilidade e a fiabilidade entre os participantes? Um sistema que promova a honra pessoal, a dignidade, a honestidade e o empenhamento.

Seguem-se algumas reflexões sobre o que podem significar as relações de confiança numa sociedade pós-moderna; relações que se comprometem com a democracia e os processos de colaboração e que promovem a agência a diferentes níveis. Há, por exemplo, investigação filosófica sobre o conceito de autenticidade relacionado com uma pessoa, mas estas são algumas reflexões baseadas na investigação arquivística, relacionadas com a interação no ambiente digital, que podem ser vistas como pontos de partida para uma discussão. Tomando as definições de registos fidedignos e aplicando-as às relações humanas, estas poderiam incluir os seguintes aspectos

Autenticidade

"Um registo autêntico é aquele que se pode provar que: é o que pretende ser; foi criado ou enviado pelo agente que supostamente o criou ou enviou; e foi criado ou enviado quando pretendido" (ISO 154891:2016, p. 4).

Autenticidade pode significar isso:

- uma pessoa é verdadeira sobre quem é e não finge ser outra pessoa, e comunica usando o seu próprio nome.
- uma pessoa é honesta e autêntica em relação aos seus valores interiores, age de acordo com eles e tem confiança em si própria.
- As informações partilhadas devem ser dadas em tempo útil e não num momento ou de uma forma que possa induzir em erro.
- uma empresa/organização tem valores comuns que estão incluídos nos processos de negócio e que são conhecidos e aderidos pelos membros/funcionários.
- a empresa/organização trabalha de acordo com valores democraticamente acordados, que podem ser expressos em regulamentos e políticas.
- as empresas e organizações actuam de forma transparente e partilham informações acordadas.
- as empresas e os trabalhadores respeitem os princípios estabelecidos de gestão de registos, como prova das transacções e para fins operacionais.
- existem regras sociais explícitas baseadas em valores democráticos.

Fiabilidade

"Um registo fiável é aquele em cujo conteúdo se pode confiar como representação completa e exata das transações, atividades ou factos que atestam; e do qual se pode depender no decurso de transações ou atividades subsequentes. Os registos devem ser criados no momento do evento a que se referem, ou pouco depois, por indivíduos que tenham conhecimento direto dos factos, ou por sistemas utilizados habitualmente para realizar a transação" (ISO 154891:2016, p. 4)

Isto pode significar que

- as informações partilhadas sejam fiáveis e não manipuladas, ou num momento que possa induzir em erro.
- uma pessoa age de forma honesta e não se aproveita dos outros.
- uma pessoa assume a responsabilidade pelas suas próprias tarefas, escolhas e relações, o que significa, por exemplo, cumprir o que foi acordado, comunicar de forma responsável, incluindo com cuidado e empatia para com os outros envolvidos.

- os trabalhadores possuem as aptidões e competências necessárias para desempenhar as tarefas que lhes foram atribuídas.

- a empresa dispõe de sistemas de informação fiáveis que criam e mantêm registos fiáveis, acessíveis às empresas e aos clientes, bem como aos supervisores externos. Não há disseminação de informação incorrecta ou desinformação. Os clientes têm o direito de aceder a determinados registos da empresa, respeitando a existência de informações sensíveis devido à concorrência no mercado, etc. Os registos relativos ao cliente em questão devem ser acessíveis a esse cliente.

- uma pessoa actua de forma profissional e utiliza os seus conhecimentos profissionais para contribuir para os outros e não para dominar ou enganar.

- todos os participantes são responsáveis pela aprendizagem e melhoria contínuas.

- as instituições societais têm uma abordagem reactiva para se adaptarem a novas condições e enfrentarem novos desafios.

Integridade

"Um registo que tem integridade é um registo completo e inalterado. Um registo deve ser protegido contra alterações não autorizadas. As políticas e procedimentos para a gestão de registos devem especificar quais os aditamentos ou anotações que podem ser feitos a um registo depois de este ter sido criado, em que circunstâncias esses aditamentos ou anotações podem ser autorizados e quem está autorizado a fazê-los. Qualquer anotação, adição ou eliminação autorizada de um registo deve ser explicitamente indicada e rastreável" (ISO 15489-1:2016, p. 5)

Isto pode significar que uma pessoa/organização/sociedade:

- tem integridade, ou seja, a capacidade de fazer escolhas baseadas na confiança em si próprio, independentemente das opiniões dos outros. Isto inclui assumir total responsabilidade pelo seu campo de influência e pelas suas escolhas, e não culpar os outros pelo resultado.

- compreende que o ator é o criador da sua realidade e situação e está consciente das estruturas que actuam contra a pessoa/ator em questão. Trata-se de uma consciencialização do que está dentro e fora, e do que pode ser feito para melhorar a situação.

- tem consciência do risco; a nível individual, pode significar estar consciente dos riscos pessoais e tomar medidas para os gerir, a nível organizacional, gerir os riscos organizacionais e, a nível societal, gerir os riscos que podem ter um efeito a nível societal.

- é responsável perante si próprio e perante os outros, incluindo ser transparente perante si próprio e perante os outros em termos de actos, intenções e objectivos, e fornecer informações que o apoiem.

Contribuição (usabilidade)

"Um registo utilizável é um registo que pode ser localizado, recuperado, apresentado e interpretado num período de tempo considerado razoável pelas partes interessadas. Um registo utilizável deve estar ligado ao processo ou transação comercial que o produziu. Devem ser mantidas as ligações entre os registos que documentam as transacções comerciais. Os metadados para registos devem apoiar a usabilidade, fornecendo informações que podem ser necessárias para os recuperar e apresentar, tais como identificadores, formato ou informações de armazenamento" (ISO 15489-1:2016, p. 5).

A quarta qualidade dos registos na norma ISO é a usabilidade ou, no caso das pessoas, a contribuição. Isto pode significar que uma pessoa/organização/sociedade:

- comunica de forma profissional e é acessível.
- fornece as aptidões e competências adequadas para o serviço em questão e que estas são utilizadas nos processos empresariais e partilhadas com os clientes e outros, em função do nível de influência e do domínio de ação.
- cria um ambiente que promove a transparência e a informação adequada necessária para que os clientes possam tomar decisões informadas.
- trabalha para melhorar constantemente através da formação contínua.
- utiliza formas de contribuir como ponto de partida, em vez de se concentrar na posse e no que pode ser adquirido.

Se o objetivo fosse a contribuição, o poder teria a ver com um efeito positivo no mundo e não com o domínio sobre os outros e com o aproveitamento e exploração dos outros.

Estes conceitos de autenticidade, fiabilidade, integridade e contribuição podem ser elaborados para desenvolver um código de conduta sobre como se comportar no ambiente em linha.

Profissionalismo pós-moderno

O pós-modernismo questiona o papel de especialista das profissões. No entanto, isso não significa que não devamos ter profissões, desenvolver o profissionalismo ou a perícia e o conhecimento profissionais. É um pouco ridículo acreditar que toda a gente seria capaz de fazer tudo sozinha e ser especialista em tudo. No profissionalismo reside um poder, devido ao conhecimento e à experiência, mas é uma questão de saber como este é exercido e utilizado. Como já foi referido, o poder não é mau em si mesmo, é também necessário para realizar algo. À medida que a complexidade do mundo aumenta, precisamos de pessoas com diferentes competências e conhecimentos em diferentes domínios. É antes uma questão de abordagem e de não utilizar o profissionalismo para dominar os outros. O pós-modernismo tem muito a ver com a eliminação de padrões de dominação e com o aumento da participação e do envolvimento. Trata-se de reconhecer as diferenças e não tentar moldar toda a gente de acordo com os mesmos modelos de confirmação. Trata-se de uma maior consciencialização e de um questionamento e melhoria constantes.

Oliver e Foscarini (2014) discutem a divisão de Sarah Wickham (2000) entre os profissionais tradicionalmente estabelecidos, vistos como "o perito", e aqueles que não têm um reconhecimento generalizado dos seus conhecimentos especializados, designados por "praticante reflexivo". Estes papéis estão associados a diferentes atitudes e comportamentos.

O *"perito"* é caracterizado por saber sempre o que é melhor (e pela vontade de manter esta aparência, independentemente de ser ou não verdade); por manter uma distância em relação aos utilizadores e assegurar o papel de perito; por esperar a deferência dos utilizadores com base no papel de perito.

O *"profissional reflexivo"* pode ser caracterizado como sendo conhecedor, aberto a aprender mais sobre o que não sabe em conjunto com os outros; com o objetivo de descobrir o que os utilizadores pensam e ganhar respeito no decurso da prática e do trabalho em conjunto; e procurando ligações reais com os utilizadores. O aspeto central é a aprendizagem contínua através da reflexão sobre as experiências (Oliver & Foscarini, 2014).

No comércio em linha, parece que muitos corretores assumem o segundo papel: o de "profissional reflexivo". Embora a experiência e os conhecimentos profissionais sejam realçados, as atitudes caracterizam-se pela vontade de trabalhar em conjunto com os clientes e de estar ao mesmo nível. Muitos deles argumentam que, como cliente, pode experimentá-los e ver o que eles podem criar, o que é uma forma de ganhar respeito e confiança pelo que fazem. Os corretores também demonstram interesse em assuntos pessoais, procurando estabelecer uma ligação mais pessoal com os clientes. Refletir sobre as experiências, aprender e melhorar constantemente são também aspectos salientados por muitos corretores.

Talvez o que o mau comportamento prevalecente indique seja uma redefinição dos valores profissionais no domínio financeiro e no contexto em linha. Quando se tornar claro o grau de destruição que certas atitudes e comportamentos geram, tornar-se-á também claro quais os valores, atitudes e comportamentos que a profissão pretende assumir, para além da forma como as diferentes profissões se querem comportar no contexto em linha. Talvez faça parte de uma maior mudança de esferas de especialização separadas para uma maior abertura à co-criação e partilha de conhecimentos e competências. A confiança é essencialmente transmitida pelas pessoas, e não por documentos e acordos formais, razão pela qual a ênfase nas *cadeias de pessoas de confiança* pode ser relevante. No entanto, é também necessário desenvolver mecanismos e requisitos em matéria de gestão de registos e tecnologia para garantir valores fundamentais como a fiabilidade e a responsabilidade em todas as partes dos sistemas de informação. Os regulamentos e os códigos de conduta desempenham um papel na definição das normas de ética, valores, comportamentos e atitudes, mas são estabelecidos pelo que as pessoas *efetivamente* escolhem e desenvolvem no âmbito das profissões. Quanto mais as pessoas agirem de uma determinada forma, mais ela será aceite e considerada "normal".

10. Valores para um futuro financeiro sustentável

As principais razões para a perda de dinheiro identificadas no caso do comércio em linha são o medo, a ganância, a falta de conhecimento e de sensibilização, bem como a fraude e a desinformação, causadas por corretores desonestos que enganam e manipulam os clientes. A falta de confiança é apontada como o principal obstáculo ao negócio. Isto significa que alguns dos principais problemas dizem respeito a aspectos culturais, individuais e relacionais e exigem uma mudança de valores e de orientação discursiva. Este livro centra-se na confiança e numa perceção holística do crescimento, que inclui padrões de cuidado e contribuição. Considera os processos de individualização e auto-realização a partir de uma perspetiva holística que inclui a riqueza interior e exterior, bem como os aspectos sociais e ambientais. A ideia é diminuir o stress em torno do dinheiro para reduzir o risco de ganância e medo, aumentando a confiança a diferentes níveis. Este documento deve servir de ponto de partida para uma discussão que pode ser desenvolvida através de investigação e conversações. Ao longo deste livro, foram abordados diferentes aspectos da confiança; neste caso, centrar-nos-emos na sua relação com a sustentabilidade. É também necessária uma abordagem e um discurso diferentes sobre o crescimento, o desenvolvimento e a criação de futuros desejados a nível individual, empresarial e social. Temos de alargar a perspetiva dos valores que queremos criar para o futuro em diferentes domínios das actividades sociais e do efeito que queremos ter no mundo - como indivíduos, empresas e sociedades. O desejo de crescimento, desenvolvimento e evolução não é o problema. A questão é antes saber como entendemos e conceptualizamos o crescimento. Os objectivos são frequentemente expressos em termos de conceitos económicos que ignoram uma grande parte do que significa ser humano. Um ingrediente importante para o crescimento sustentável é a confiança, na qual os registos têm um papel importante numa sociedade da informação. Outros conceitos, abordagens e mentalidades utilizados nas teorias arquivísticas podem também contribuir para uma compreensão concetual da sustentabilidade, como as perspectivas a longo prazo (intenções de preservar e proteger registos de valor a longo prazo durante períodos de tempo infinitos), a ênfase na singularidade e na qualidade, a continuação de diferentes valores e qualidades, etc. Os debates sobre o desenvolvimento sustentável e os arquivos e a ciência da informação têm muitas semelhanças nas suas abordagens. Dado que a governação de diferentes actividades em toda a sociedade é realizada em maior medida pela gestão de arquivos, este aspeto poderia ser mais explorado para desenvolver modelos de governação sustentável.

Nos debates que se seguirão sobre o crescimento sustentável, começarei por refletir sobre o caso do comércio em linha.

Comércio eletrónico e sustentabilidade

No estudo sobre o comércio online, foi abordada a questão da relação entre o mercado financeiro e o desenvolvimento sustentável. O conceito de sustentabilidade tem vários significados e interpretações; o que se segue é o que foi destacado nas discussões.

A transparência, a honestidade, o fair play e a gestão do risco foram algumas das preocupações, tendo um corretor defendido que "todas as empresas têm de compreender que têm de pôr tudo em cima da mesa e jogar limpo". Os corretores têm de falar de riscos e não apenas de lucros. A educação, a prestação de informações aos clientes e a resposta a perguntas também foram consideradas importantes. O desenvolvimento do conhecimento, da confiança e da segurança foi considerado sustentável a longo prazo. Outro corretor considerou a sustentabilidade dos fundos e afirmou que a empresa tinha de poder utilizar os seus activos de forma eficiente e que estes funcionariam de forma rentável ao longo do tempo. É importante proporcionar formação, melhorar os conhecimentos e aumentar a compreensão do mercado; uma maior capacidade de conhecimento entre os utilizadores melhorará os resultados.

No que diz respeito à questão de saber se o mercado financeiro tem um efeito sobre um desenvolvimento mais ou menos sustentável, não foi considerado qualquer efeito direto. Os corretores argumentaram que o comércio em linha consistia em investimentos nas flutuações do mercado e não em investimentos reais. O que poderia fazer a diferença era a forma como o lucro era utilizado. Uma possibilidade é investir em empresas que possam desenvolver novas tecnologias. O desenvolvimento neste domínio está a progredir e existem numerosas iniciativas, por exemplo, nos sistemas de energia solar. No entanto, em muitos países, continua a existir uma dependência do petróleo. Há também muitos corretores que fazem donativos para a caridade, muitas vezes sem o dizerem. Quando lhes foi perguntado se podiam doar uma percentagem do lucro das transacções, por exemplo, no contexto do comércio social, vários deles aceitaram a sugestão, se fosse algo em que os clientes estivessem interessados. Um dos corretores referiu que, para ele, a caridade não era apenas dar dinheiro, mas ver que este criava algo, como a educação. Outro corretor referiu que a sua empresa doava uma determinada quantia dos seus lucros a diferentes ONG de todo o mundo, como orfanatos (alimentos, roupas e educação) e lares de idosos (para melhorar a vida dos idosos). Um dos entrevistados considera que o comércio em linha nunca poderá ser sustentável, devido às "bolhas" virtuais em que as pessoas perdem dinheiro; um risco de 95% de perda de dinheiro não é sustentável. Quando questionado sobre o que realmente lhe interessa, um corretor disse: liberdade financeira, qualidade de vida e não trabalhar até morrer. Por exemplo, queria ter a sua própria casa num sítio bonito. Estes foram alguns dos aspectos relacionados com a sustentabilidade que foram destacados nas conversas com os corretores do comércio eletrónico. Tendo isto em consideração, as questões da transparência, confiança, responsabilidade, conhecimento e forma como o lucro é investido, são centrais.

Confiança, responsabilidade, cuidado, mutualidade, conhecimento e ação

No caso do comércio em linha, os aspectos mais importantes para a criação de algo sustentável são a confiança, a responsabilidade, o cuidado, a reciprocidade e o conhecimento - bem como a forma como o dinheiro é gerido e utilizado. A confiança é o centro das atenções, onde se sublinha que as pessoas precisam de ter confiança em si próprias e que é crucial desenvolver a confiança entre o corretor e o cliente na relação comercial. A confiança no sistema também é necessária - uma crença no sistema, com uma boa segurança e uma gestão fiável do dinheiro. Além disso, foi sublinhada a necessidade de informação exacta e fiável no momento certo. Na criação de confiança, a responsabilidade e o cuidado são dois aspectos fundamentais. Alguns corretores são explícitos quanto aos papéis desempenhados pelos corretores e pelos clientes e quanto ao facto de assumirem a responsabilidade pela sua parte. Poderia ser útil uma clarificação das diferentes responsabilidades: entre o cliente, o representante da empresa e as autoridades da sociedade. O facto de um corretor se preocupar com os seus clientes e as suas contas é visto como algo crucial e um fator de sucesso no estabelecimento da confiança entre o cliente e o corretor. É igualmente importante que seja autêntico e não seja utilizado para manipular uma pessoa para que esta *sinta* confiança, a fim de tirar partido dela. A fiabilidade inclui as caraterísticas de autenticidade, fiabilidade e integridade, já referidas. Agir de forma fiável é crucial para estabelecer a confiança entre as partes. Estes diferentes aspectos podem incluir o seguinte, a fim de apoiar o crescimento sustentável;

Fiabilidade: os aspectos culturais da fiabilidade podem incluir o facto de os actores serem fiéis a determinados valores, padrões e comportamentos que promovem a sustentabilidade. Incluem-se os aspectos de autenticidade, fiabilidade, integridade e contribuição, como já foi referido anteriormente. A confiança é também o ponto de partida para o crescimento; uma confiança em si próprio e nas relações sociais. Relacionado com isto está também o reconhecimento da singularidade e dos valores intrínsecos. A confiança pode, por um lado, aumentar a dependência dos outros, mas, por outro lado, a auto-confiança diminui a dependência dos outros e promove a diversidade. Foi referido que existe uma diferença entre os corretores que fazem aquilo em que acreditam e os corretores que tentam seguir os passos de outros actores, que tentam apanhar os seus movimentos no mercado. Isto gera muito stress. Talvez as grandes desigualdades a que assistimos atualmente no mundo tenham a sua origem na mente das pessoas, onde muitos tentam seguir os outros e as suas prioridades, em vez de partirem das suas próprias capacidades.

Responsabilidade: As actividades dos actores (indivíduos, empresas e sociedades) têm um efeito no ambiente que os rodeia, afectando os indivíduos, as relações empresariais, as sociedades e o ambiente. Este facto coloca as escolhas das pessoas num contexto que deve ser considerado, tanto em termos de possibilidades como de riscos. As crises financeiras (a nível individual, empresarial e social) são um custo público. Os problemas estruturais que geram as crises financeiras têm grandes consequências para as sociedades. Isto significa menos fundos disponíveis para investir, por exemplo, na educação e no futuro das crianças. A geração de pobreza e de crises são custos enormes que reduzem as possibilidades futuras. Uma maior individualização não só traz possibilidades, mas também responsabilidades, para estarmos conscientes da forma como afectamos o mundo que nos rodeia e fazermos escolhas activas baseadas na responsabilidade e não apenas no que podemos ganhar e tirar partido. Este aspeto inclui que os actores assumam a responsabilidade pelas suas vidas, acções, negócios e como parte das sociedades e em relação ao planeta. Algo que foi levantado na discussão sobre sustentabilidade foi o facto de ser a forma como o dinheiro é utilizado que pode ter um impacto no mundo, em que é investido o lucro. Outra questão levantada foi a necessidade de equilíbrio nas contas. É importante não correr riscos demasiado grandes, garantir que existe margem suficiente e assegurar que não se perde capital. As escolhas de responsabilidade têm de ser apoiadas pelo ambiente técnico e cultural de diferentes formas, por exemplo, através do alinhamento dos valores empresariais e da ética nos processos empresariais, bem como do fornecimento de informações adequadas para a tomada de decisões.

Cuidado: Inclui a preocupação com o efeito das nossas acções e com a forma como estas influenciam os outros a diferentes níveis. Inclui também ter em conta os outros nas relações comerciais, a nível social e o impacto no planeta, e muitas vezes inclui algum tipo de ação. Por exemplo, alertar para situações de risco, dar conselhos, etc. Muitos corretores sublinharam a importância de cuidar dos clientes e das contas dos clientes, como forma de criar sucesso e relações a longo prazo. A preocupação com os outros é crucial para desenvolver padrões sustentáveis. É também uma preocupação central para que a individualização não se transforme em egoísmo e isolamento. Todas as profissões têm diferentes contributos a dar, e aqueles que trabalham no domínio financeiro podem dar um grande contributo para a realização dos objectivos financeiros das pessoas.

Em combinação com a criação de confiança nas relações pessoais, isto pode conduzir a algo de bom.

Mutualidade: significa que existe uma troca mútua e condições iguais e justas em que ambas as partes contribuem para uma colaboração da qual ambas beneficiam. Isto também se aplica à sociedade humana e ao planeta - tem de haver uma relação mútua entre eles, em que os seres humanos também estão a devolver à Terra, e não apenas a retirar recursos. As relações desequilibradas tendem a conduzir ao abuso ou à má utilização, quer se trate da exploração de recursos humanos, monetários, sociais ou ecológicos. A mutualidade também se refere a infra-estruturas que promovem a igualdade e as trocas mútuas e criam condições que o asseguram. Isto pode incluir regras em sistemas que asseguram a execução de contratos, por exemplo.

O conhecimento e a aprendizagem contínua têm sido enfatizados como sendo muito importantes para a introdução de melhorias. É frequentemente recomendada a análise de acções e resultados passados, o que inclui a utilização de registos num processo de reflexão, para além de aumentar o conhecimento para acções e estratégias futuras. Este é também o papel que os registos têm frequentemente sido discutidos - refletir sobre ocorrências passadas e estabelecer metas para o futuro. Muitos corretores estão mais do que dispostos a partilhar os seus conhecimentos profissionais, competências e estratégias, bem como a análise do mercado. Este é um dos benefícios mais fortes identificados no estudo. Combinado com a intenção de criar confiança nas relações pessoais, este facto pode conduzir a algo de bom. Poderá ser um indício de uma mudança cultural que deixa de se centrar no ego e passa a centrar-se na mutualidade e na colaboração, em que se reconhece que haverá mais benefícios para os actores envolvidos se houver colaboração e se os recursos forem partilhados. O que é frequentemente salientado é o facto de os corretores procurarem colaborar de forma a criar benefícios *mútuos*. A partilha de informação requer um nível de confiança e é também uma parte importante na criação de confiança. A mutualidade também tem a ver com a reciprocidade, que é o fundamento básico das relações de igualdade, e a ideia essencial do dinheiro - como meio externo de reciprocidade. É um valor que pode ser utilizado para aumentar o que é criado através da colaboração. Um risco são aqueles que fornecem educação com desinformação, com o objetivo de manipular os clientes.

Ação: diz respeito à capacidade de agência dos actores e ao que eles criam. Significa realizar actividades com ponderação e de uma forma responsável que também contribua para os outros e para o futuro do mundo. Está também relacionada com os aspectos de mutualidade, fiabilidade e responsabilidade, e com a criação de um ambiente que apoie este tipo de acções. Neste contexto, é de considerar a possibilidade de incentivar e tornar benéfica a preocupação com os outros.

O crescimento - qualquer que seja a forma que assuma - requer normalmente algum tipo de atividade. A questão é saber que actividades são realizadas e se são realizadas de forma responsável.

Para todos estes aspectos, criar confiança, fazer escolhas responsáveis, preocupar-se com os outros, ter trocas mútuas, desenvolver conhecimentos e tomar medidas adequadas, é necessário ter acesso a informações fiáveis. Se as pessoas utilizarem informação incorrecta ou desinformação, isso pode causar muitos danos.

Diferentes níveis de criação de valor

Todos estes aspectos se relacionam entre si e actuam a nível individual, empresarial, social e planetário. Quanto mais uma pessoa cresce, mais confiança e responsabilidade tem de assegurar e assumir, e maior é a contribuição e as actividades que é capaz de realizar. Por exemplo, uma pessoa que está em posição de ter acesso a recursos que podem ter um impacto a nível social, precisa de assumir maior responsabilidade pela forma como as escolhas que faz afectam o mundo. Poder-se-ia dizer que os diferentes níveis dizem respeito tanto às possibilidades como às contribuições a que uma pessoa tem acesso. Isto significa que, por exemplo, no terceiro nível, não se trata apenas de receber dos serviços públicos, mas também de contribuir com algo para a sociedade. Quanto mais uma pessoa, uma empresa ou uma sociedade cresce, e quanto mais recursos essa pessoa/empresa/sociedade tem disponíveis, maior deve ser a responsabilidade e a contribuição. Com o crescimento, o impacto das actividades que um ator realiza também aumenta, tal como a responsabilidade pelos seus efeitos. Exige também um maior nível de confiança e um maior grau de reciprocidade. O crescimento inclui todos estes aspectos.

Este debate é sobre a mentalidade e os valores que podem ser adoptados para apoiar uma utilização e uma abordagem mais sustentáveis dos recursos no mundo. Isto seria benéfico para todos e não se trataria de dominação ou de uma competição pelo poder e pelo controlo. Em vez disso, tratar-se-ia de criar significado a diferentes níveis e de colaboração, o que contribui para diferentes aspectos do crescimento, principalmente caraterísticas de confiança e cuidado. Estas caraterísticas funcionam como uma cola que mantém as sociedades unidas e promovem a sustentabilidade e a criação.

A seguir, as relações entre um indivíduo e o seu meio envolvente são discutidas a quatro níveis. Em todos os níveis, a criação, a gestão e o intercâmbio de informações, bem como os processos e as condições técnicas para o efeito, são cruciais. Todos os níveis são igualmente importantes e afectam-se mutuamente. Uma pessoa não pode contribuir para os outros se não cuidar de si própria. Por outro lado, um indivíduo é afetado quando as empresas, as sociedades e o planeta se desmoronam. Trata-se de uma questão de mutualidade e de distribuição de benefícios e responsabilidades, que tem de se tornar mais equilibrada em todo o mundo e entre diferentes domínios e actores.

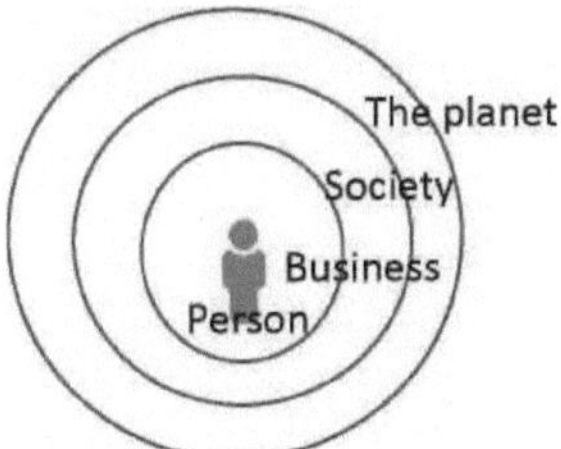

Figura 4. Relações a diferentes níveis: pessoa, empresa, sociedade e planeta

Uma *pessoa* precisa de confiar e cuidar de si própria, assumir a responsabilidade pelas suas escolhas e adquirir os conhecimentos necessários para criar uma vida sustentável a nível pessoal. Este nível inclui também as competências e a capacidade de agir de acordo com as intenções.

Para que *as relações comerciais* sejam sustentáveis, a confiança e a responsabilidade têm de estar presentes na relação, com os diferentes actores a contribuírem e a preocuparem-se uns com os outros e com o que criam em conjunto. Este nível inclui a criação de significado e conhecimento nas e através das relações, e o crescimento tanto dos indivíduos como da constelação. É um local importante para a geração e alinhamento de valores e ética na prática.

Numa perspetiva *societal*, a confiança entre os cidadãos, bem como entre os cidadãos e as empresas e as instituições e autoridades sociais, é importante. Inclui dimensões que vão para além das trocas diretas de bens e serviços e incluem a convivência e o nível coletivo. Além disso, neste caso, inclui aspectos de cuidado e contribuição entre diferentes actores dentro das sociedades, e aqueles que não são privilegiados pelos sistemas e estruturas, com diferentes formas de assegurar a inclusão e a participação e a contribuição de competências, conhecimentos e diferentes recursos, a fim de permitir o crescimento da sociedade. Este nível diz respeito à forma como organizamos as sociedades e as relações no seio das sociedades e como nos preocupamos uns com os outros a um nível impessoal. Implica uma contribuição em ambas as direcções, em que os indivíduos contribuem e beneficiam de bens comuns e serviços públicos. Além disso, têm a possibilidade de participar e influenciar o desenvolvimento da sociedade. Trata-se do crescimento da sociedade no seu conjunto.

A relação com o *planeta* tem a ver com perspectivas e acções baseadas na reciprocidade e inclui o que uma pessoa/empresa/sociedade também pode contribuir para o planeta, agindo de forma responsável e preocupando-se com os outros seres vivos. Isto para garantir que a ganância não domina a utilização e a exploração dos recursos, mas sim a responsabilidade e o cuidado com o planeta, bem como o conhecimento das condições ambientais e da forma como as diferentes actividades afectam o planeta. Isto aplica-se aos investimentos e ao desenvolvimento de novos modelos de investimento, que contribuem para o ambiente e que podem dar algo em troca aos investidores. Este nível inclui o conhecimento coletivo e também o desenvolvimento e a aplicação de teorias, modelos e políticas económicas que promovam uma relação sustentável com os recursos naturais. Em termos simples, trata-se de assegurar a continuação da vida no planeta Terra e dos investimentos na natureza. Temos uma dívida para com a natureza, resultado da sobreutilização dos recursos naturais pela humanidade. Esta situação tem de mudar antes que seja demasiado tarde. É necessário não só reduzir a poluição e os padrões destrutivos, mas também fazer investimentos na conservação da natureza, na biodiversidade e na recuperação de ambientes danificados. Os recursos naturais são a nossa principal base de capital e têm de ser geridos de uma forma mais responsável e sustentável. Como já foi referido, é igualmente necessário financiar a transição para infra-estruturas sustentáveis, o que exige inovadores e agentes financeiros qualificados que estejam dispostos a assumir maiores responsabilidades e a agir. Além disso, a informação dos investidores é crucial para a tomada de decisões que apoiem investimentos sustentáveis.

O que é que isto tem a ver com informação e registos? As finanças e a gestão da informação estão intimamente ligadas e reflectem a forma como os registos se relacionam com o poder. A informação que é considerada valiosa afecta a perceção e os valores das pessoas. Mudar a informação que é considerada significa mudar os aspectos que são considerados e tornados visíveis nos debates sobre riqueza e crescimento. Existem iniciativas em diferentes países, bem como a nível mundial, que visam proporcionar uma perspetiva mais ampla do crescimento e do desenvolvimento numa sociedade. Este debate sobre uma perspetiva mais inclusiva do crescimento também é relevante para os processos de conceção no ambiente digital. Poderá ser um contributo para o debate sobre a Visão 2020 da UE, que visa promover um crescimento sustentável, inclusivo e inteligente, com especial ênfase na utilização das tecnologias digitais.

Uma visão inclusiva e holística do crescimento sustentável

No estudo do comércio em linha foram levantados outros factores, para além dos económicos, que são cruciais para o lucro e a geração de crescimento económico. Alguns eram internos ao nível individual, como a competência, o conhecimento, a auto-confiança e a confiança, para além dos riscos psicológicos, o medo e a ganância. Havia também condições sociais caraterísticas importantes: a relação entre o corretor e o cliente, incluindo a confiança e a preocupação mútua, para além de questões importantes relacionadas com o negócio, tais como modelos de negócio que não apoiem padrões que permitam aos corretores tirar partido dos clientes, mas que apoiem o benefício mútuo. As redes com parceiros de confiança e a partilha de informações foram destacadas como factores importantes, bem como a regulamentação que garante que as empresas fraudulentas não dominam o mercado. O acesso a informação exacta e atempada é crucial para a obtenção de lucros, e a confiança é um fundamento irreversível para o funcionamento da empresa. A confiança é necessária para que as pessoas façam investimentos. Existe também a dimensão do sistema de informação, em que a infraestrutura tecnológica, bem como a informação, são cruciais. A informação é um ativo, como recurso de informação na análise de mercado - e também uma representação do dinheiro - mas é também uma prova de actividades e vincula os actores a responsabilidades. Fornece meios para refletir sobre as acções e os resultados passados e para melhorar os conhecimentos e as competências, o que é apontado como uma das actividades mais importantes para aumentar o desempenho de uma pessoa. É o ambiente de informação digital que constitui o "espaço" onde as pessoas se encontram e realizam negócios em conjunto; é utilizado para desenvolver a confiança de diferentes formas, mas também é utilizado para abusar da confiança. Também é preciso ter em mente que muitos agentes são robots e que é importante haver transparência quanto à identidade dos agentes, se são robots ou pessoas, e quais são as suas responsabilidades. Quem é responsável pelas falhas dos robots? Estes conhecimentos indicam que há factores a diferentes níveis e de diferentes caraterísticas que devem ser incluídos nos debates sobre o crescimento. Há diferentes tipos de capital que devem ser tidos em conta para criar um crescimento inclusivo, inteligente e sustentável. Como já foi referido, os valores que apoiam o crescimento sustentável existem a diferentes níveis. Estes níveis também podem ser vistos como recursos e capital nos debates sobre o crescimento.

O município de Sundsvall, na Suécia, tem uma estratégia de crescimento que inclui quatro aspectos do crescimento: *capital humano, capital ecológico, capital social* e *capital económico.* O capital humano inclui, por exemplo, a educação, as aptidões, os talentos, a competência e a saúde. O capital ecológico inclui os recursos naturais e os serviços ecossistémicos. O capital social inclui a confiança e a criação de valor nas relações entre as pessoas, nas redes e nas diferentes constelações humanas. O crescimento económico inclui o aumento do valor da produção (PIB). Os activos, as qualidades, os conhecimentos e as competências que uma pessoa possui são fundamentais para o crescimento sustentável. O crescimento económico resulta das actividades que os seres humanos criam e realizam, com a contribuição do capital social e ecológico. Numa economia que se baseia no conhecimento e na competência, os investimentos em capital humano são cruciais (Sundsvall Municipality, 2016). Os diferentes tipos de capital não estão isolados, mas interagem e dependem uns dos outros. Também têm de ser equilibrados para criar uma economia sustentável e equilibrada. Uma pessoa pode ganhar um grande capital económico, mas enquanto tiver um elevado risco pessoal de jogo, ganância ou baixa autoconfiança, é facilmente manipulada para fazer escolhas que não lhe são benéficas, e os fundos serão provavelmente perdidos. O que foi sublinhado por muitos corretores foi que o medo e a ganância fazem com que as pessoas percam dinheiro e que os factores psicológicos são cruciais. Isto pode ser aplicado não só a nível individual, mas também a nível social. Se a ganância dominar a sociedade humana, haverá um consumo excessivo de recursos naturais, o que diminuirá as possibilidades de riqueza futura. A governação económica sustentável e a governação ambiental sustentável não estão em oposição - são mútuas. Para um crescimento económico a longo prazo, precisamos também de um crescimento do capital ecológico, bem como do capital humano e social. A digitalização exige um elevado nível de fornecimento de energia, que tem de ser gerido de forma sustentável.

No ambiente digital, onde a informação pode ser utilizada como um ativo e como prova, gostaria de acrescentar um quinto capital - o *capital* de informação. A informação está presente em todas as outras formas de capital: para ser utilizada como um ativo, como prova para apoiar comportamentos sustentáveis, para partilhar e aumentar o conhecimento e a sensibilização, para gerar e estabelecer confiança, e para comunicação e controlo. Os sistemas de informação são a infraestrutura que permite a transferência e o intercâmbio de informações através do tempo e do espaço e entre actores. Também apoiam determinados valores culturais. Uma cultura da informação que promova a partilha de informações pode apoiar um ambiente social que permita aos indivíduos do grupo crescerem, partilharem recursos e contribuírem para o crescimento uns dos outros, proporcionando apoio e encorajamento.

Este é um aspeto que deve ser explorado numa investigação mais aprofundada. É crucial a qualidade da informação, e não apenas a sua quantidade, para garantir a sua utilização a longo prazo e a sua autenticidade. Se a informação não for exacta, se for manipulada, incompleta ou intempestiva, não é utilizável e, portanto, não tem valor. Como foi salientado no estudo, a fiabilidade da informação e da gestão da informação também gera confiança na empresa e vice-versa. É importante conceber sistemas de informação transparentes e fiáveis que apoiem intercâmbios e colaborações de confiança entre os intervenientes.

A moeda pode ser entendida como um instrumento *relacional*, utilizado nas trocas entre actores. O crescimento económico resulta de transacções que envolvem dinheiro e é um *movimento* de capital. Um elevado nível de crescimento económico pode também significar um elevado nível de despesa e de consumo excessivo de fundos, o que significa uma carência algures para alguém. O crescimento económico pode, assim, significar uma *elevada concentração* de capital em indivíduos individuais, o que é uma questão de afetação e concentração de recursos, e mais desigualdade. Esta é também uma preocupação que é frequentemente mencionada como um desafio. Uma perceção estreita do crescimento económico tende a ser uma estratégia para promover uma maior concentração dos recursos económicos, o que tende a apoiar os actores fortes e estabelecidos na sociedade. Os objectivos de crescimento económico também requerem uma ênfase no *equilíbrio económico*, para que os indivíduos alcancem um equilíbrio entre entradas e saídas de dinheiro. Isto basear-se-ia nas condições da pessoa/ator em questão e centrar-se-ia na sua competência e capacidade económica. A nível societal, incluiria também considerações sociais de equilíbrio económico em toda a sociedade. É igualmente importante recordar que o dinheiro é um instrumento, e que o que importa são as qualidades e as possibilidades que queremos desenvolver. Trata-se também de reduzir o stress do crescimento económico e gerar paz financeira.

Os sistemas de informação digital podem desempenhar um papel importante, como infraestrutura e espaço para as pessoas se encontrarem, trocarem ideias e criarem coisas em conjunto. Onde a confiança será um fator crucial. As capitais acima referidas são algo a ter em conta na conceção e desenvolvimento de uma infraestrutura digital global.

Devemos também considerar a possibilidade de incluir outros aspectos para além das necessidades materiais e medir em termos de quantidades, e incluir também perspectivas de qualidades e criação de significado e crescimento interior. E atribuir recursos para o crescimento dos valores interiores, do bem-estar e da confiança entre os actores - o que também contribuiria para o desenvolvimento económico.

Significado de crescimento humano

Na sua tese de doutoramento, Nathan Lakew discute o que significa ser humano e como pode ser tido em consideração na conceção de TI, a fim de criar sistemas tecnológicos mais sustentáveis, fáceis de utilizar e satisfatórios. Ao longo da história, têm prevalecido diferentes percepções do que é importante para o ser humano. O crescimento interior, a harmonia e uma compreensão mais profunda de si próprio, das outras pessoas e do mundo em geral, o bem-estar, a transformação pessoal, os valores sociais e as relações têm sido temas centrais nessas considerações (Lakew, 2016). Os valores interiores têm sido frequentemente polarizados com o mundo exterior, o mundo material e a riqueza material, da mesma forma que tem havido diferentes polaridades, mas parece que isto está a começar a mudar. As pessoas estão a procurar o crescimento interior, a realização pessoal, o desenvolvimento sustentável e o bem-estar material, que não têm de estar em oposição, muito pelo contrário. O dinheiro e o mundo material podem fazer parte da criação de uma vida sustentável; podem ser investidos em coisas que contribuem para um maior bem-estar, dependendo da forma como o dinheiro é criado e utilizado. E não tem de ser uma questão de consumo, mas sim de experiência. É possível ter *experiências* de bem-estar material sem a necessidade de o possuir.

Lakew também discute as necessidades inatas em termos dos conceitos de *pertença* e *novidade*. Estas necessidades são consideradas inatas porque representam um estado de ser e não um estado de ter. Trata-se de experiências e não de posse de coisas. "Os exemplos que envolvem *a pertença* podem incluir a autoconsciência, a transcendência, a intimidade, a identidade autêntica, a ligação e a relação seguras, a autonomia e a responsabilidade social, a autoavaliação positiva, o sentido de existência no mundo, a necessidade de uma relação sustentável com a sociedade e o ambiente, e a nutrição" (Lakew, 2016, p. 9). No entanto, a não pertença humana pode ser caracterizada por "impotência, falta de significado, ausência de norma, existência culturalmente estranha, socialmente isolada e auto-estranhada" (Lakew, 2016, p. 9). A novidade é caracterizada pela procura de novas experiências e melhorias e inclui a criatividade, a curiosidade, a invenção, a exploração e a procura de conhecimento. O conceito de novidade centra-se na ideia de que vem de dentro. Os aspectos da pertença e da novidade têm tendido a ser uma questão de consumo e de posse, como forma de definir uma pessoa e o que ela realizou. A liberdade, a felicidade e a realização têm sido expressas como algo realizado através do consumo, uma visão que é frequentemente reforçada pela tecnologia e pelo ambiente em linha (Lakew, 2016). Na atual realidade online, os valores que são comunicados através das tecnologias e com a informação de diferentes formas, influenciam muito os valores, os desejos, as formas de pensar e compreender o mundo e as escolhas que as pessoas fazem, para além de como as pessoas se criam a si próprias e às relações. Lakew significa que a principal preocupação tem sido o mundo exterior, em vez dos valores internos. As questões dos valores inatos, da autenticidade e da formação de identidades a diferentes níveis da sociedade são também centrais nos debates sobre arquivos. Estas questões podem ser importantes a considerar, tanto em situações de conceção de soluções de arquivo como em decisões sobre que registos criar e preservar, mas é também uma questão de como percepcionamos e compreendemos o crescimento humano, como podemos permitir uma compreensão mais inclusiva e holística na configuração do ambiente em linha, os objectivos do desenvolvimento de novas soluções e serviços tecnológicos e que informação pode apoiar. Uma abordagem diferente do crescimento poderia reduzir o stress de ganhar dinheiro e os riscos do medo e da ganância relacionados com o dinheiro e as finanças. Nos debates sobre o crescimento, é importante considerar o que se pretende efetivamente fazer crescer; que valores, atitudes e comportamentos, bem como aspectos da vida. O que é que *não* queremos que cresça? O medo e a ganância, a destruição e as catástrofes são provavelmente alguns exemplos. Se a ganância é uma das principais causas da perda de dinheiro, talvez seja melhor refletir sobre quais são as forças motrizes das sociedades. Como já foi referido, são criadas diferentes normas e valores a nível social, bem como em diferentes domínios. A questão é saber quais são os valores promovidos que impulsionam a ganância em toda a sociedade e o que podemos fazer de diferente para uma abordagem mais sustentável. Neste contexto, o ambiente em linha e os diferentes tipos de informação têm uma grande influência na perceção e nas escolhas das pessoas, bem como na geração de valores e normas.

Neste sentido, o crescimento incluiria tanto os aspectos internos como os externos, que contribuiriam para um sentido de significado. Algumas qualidades a considerar como aspectos da riqueza interior podem ser a perceção de bem-estar, a gratidão, a reciprocidade, a paz, a autenticidade e a felicidade. Enquanto a riqueza externa, por exemplo, pode incluir a riqueza material, o acesso a recursos e a possibilidade de participar ativamente na construção do mundo. A fim de criar um equilíbrio, tanto a riqueza interior como a exterior devem ser consideradas.

Tanto o crescimento interior como o crescimento exterior requerem investimento e consideração. Relativamente ao crescimento interior, as qualidades essenciais são a gratidão, a mutualidade e a reciprocidade. Se um ator contribui ou dá algo a alguém, a gratidão é o que é dado em troca; é uma qualidade de reciprocidade que contribui para os laços de confiança mútua. Quando não há gratidão ou reciprocidade, a relação torna-se desigual e pode levar um ator a abusar e a explorar o outro. Isto também está relacionado com a abordagem cultural da partilha, o que significa que as pessoas estão dispostas a partilhar informações, conhecimentos e muito mais. Seria interessante aprofundar a investigação sobre a relação entre partilha, reciprocidade e crescimento sustentável. Com os sistemas abstractos e as relações abstractas entre os seres humanos e o planeta, os laços de reciprocidade foram desintegrados, o que faz parte do que deveria ser reintegrado. Estas perspectivas de interior e exterior também podem ser aplicadas em debates sobre a confiança e o papel dos registos, incluindo questões de responsabilidade e prestação de contas e a forma como podem ser asseguradas. Uma vez que a forma como a confiança é criada e como é moldada está a mudar, com as pessoas a desempenharem um papel mais proeminente, será mais importante ter em conta os valores e qualidades interiores no futuro.

Liberdade, auto-realização e valores pós-modernos

De acordo com Lakew, pensadores como Francis Bacon (no século XVII) promoveram a ideia de que o conhecimento e o poder deveriam conquistar e controlar o mundo natural para satisfazer os desejos humanos. O pensamento moderno fez uma distinção entre os seres humanos e o ambiente externo, e viu o domínio sobre o ambiente como uma vitória. O pensamento racional modernista começou a avaliar o valor dos seres vivos. Isto está prestes a mudar, mas o modernismo parece ainda dominar a forma como a realidade é entendida e percepcionada na cultura ocidental (Lakew, 2016). Penso que esta é parte da reação que existe hoje em dia; em relação à forma como o conhecimento e a ciência têm sido utilizados para dominar e impor uma visão do mundo que tende a criar abusos contra os seres vivos - tanto animais como pessoas. O problema é que, com a subjetividade no seu extremo, sem qualquer conhecimento ou factos comuns, os mais fortes dominam e podem fazer o que quiserem sem terem de prestar contas, distorcendo "a verdade" como quiserem. Não ter factos ou conhecimentos comuns não é estar livre do poder - é abrir as portas para uma luta pelo controlo da realidade.

Se os valores durante a modernidade eram a auto-atualização através de posses, aquisições e conquistas, incluindo o domínio sobre os outros - quer se trate de outras espécies, de outros seres humanos ou da natureza - quais seriam os valores fundamentais pós-modernos? Que tal substituir padrões de dominação por colaboração, inclusão e curiosidade; conformidade por diferença e autenticidade; dependências por confiança? Se uma perspetiva modernista consistia em ter *objectos*, uma perspetiva pós-moderna poderia consistir em ter experiências que *reforçassem a autenticidade do ser* no mundo e reforçassem os padrões de pertença e de novidade com base na realização de desejos interiores. A fim de adquirir um significado mais profundo do ser, um conhecimento mais profundo e relações e actividades mais profundas e significativas. Isto está relacionado com o conceito de autenticidade e tem como objetivo aumentar o significado de todas as partes da vida, para um maior sentimento de paz e confiança, em vez de construir relações baseadas em padrões de dominação. Neste caso, o consumo não seria uma forma de dominar os outros, uma prova de poder ou uma forma de seguir a corrente, mas estaria relacionado com valores subjectivos. A criação de rendimentos, seja como for, incluiria também a criação de significado no processo, nas relações e actividades, e não apenas o produto final sob a forma de dinheiro.

Se o projeto modernista colocou um grande esforço na produção de riqueza externa e material, os valores pós-modernos também olhariam para dentro e enfatizariam o crescimento interior. Seriam direcionados para a criação de significado e confiança nas relações.

Desenvolvimento democrático

A democracia tem sido o ideal dominante para a governação colectiva em muitos países, embora interpretada e implementada de formas ligeiramente diferentes. No entanto, poder-se-ia questionar até que ponto existe democracia, em que medida e como está organizada, e como se relaciona com a economia global. Dado que há concentrações crescentes de capital a nível mundial, podemos perguntar-nos como funciona o sistema e se há tendências para a plutocracia no sistema económico mundial, que também afectam outros domínios da sociedade. A plutocracia pode ser descrita como "uma sociedade governada ou controlada por uma pequena minoria de cidadãos mais ricos" (Wikipedia, 2017). O meu ponto de vista pessoal é que não é preciso fazer uma investigação científica para reconhecer que temos um pequeno número de actores que têm um capital e uma influência muito grandes no mundo, o que é algo a considerar. A dimensão do mercado parece ser um fator importante para o nível de influência e credibilidade na sociedade. Será que é isso mesmo que se pretende?

Os processos e práticas da democracia são desafiados pela globalização, digitalização, financeirização, individualização e valores pós-modernos que questionam as autoridades e as formas habituais de fazer as coisas. Em todas estas mudanças, temos de considerar o que queremos criar a nível coletivo da sociedade. A globalização e a individualização não significam que não haja necessidade de acordos colectivos ou de colaboração em domínios comuns e no nosso mundo partilhado. Muito pelo contrário; há uma necessidade ainda maior de conversas, processos e mecanismos para desenvolver meios que apoiem uma maior democratização, controlo democrático e uma infraestrutura que proteja os direitos humanos. Não sei como a democracia se pode desenvolver e ser, mas penso que, enquanto cidadão/utilizador/consumidor/indivíduo, estamos muito vulneráveis e expostos ao risco de sermos completamente esmagados por diferentes forças (actores do mercado, terroristas, exércitos privados, etc.). Existem também riscos de diferentes tipos de abuso estrutural e de abuso de poder. O abuso estrutural pode assumir muitas formas e dizer respeito a diferentes domínios da vida. Pode tratar-se de opressão imediata e de abuso físico, bem como de discriminação de certas pessoas por diferentes razões. Mesmo em situações em que não se trata exatamente de abuso, muitos riscos tendem a ser aumentados pela tecnologia. Para equilibrar a situação, as funções públicas têm de acompanhar o desenvolvimento e também de contrariar os riscos de diferentes formas, utilizando políticas, estratégias e ferramentas do sector público. Existem muitas iniciativas que envolvem políticas, serviços e inovação, mas trata-se de uma área que deve ser continuamente melhorada. Muitas formas de abuso estrutural em toda a sociedade podem estar ligadas a aspectos económicos de uma forma ou de outra. Os abusos financeiros podem ser diretos, sob a forma de crimes e fraudes financeiras, mas existem também estruturas que apoiam certos actores e excluem outros. Além disso, as teorias, as percepções e as práticas económicas podem criar discursos dominantes que tendem a discriminar ou a explorar as pessoas, os animais e a natureza. Estes são legitimados por acções, agendas políticas e desenvolvimento do conhecimento e podem tornar-se parte da estrutura social. Este livro aborda algumas das formas de abuso no mercado financeiro em linha, na perspetiva do cliente. Uma vez que a informação parece ter um papel central na acumulação de poder, controlo e dinheiro, bem como na produção de discursos, é uma área que deve ser objeto de sensibilização para evitar a concentração e o abuso de poder. À medida que nos tornamos mais interligados a nível global e a digitalização altera os processos e mecanismos tradicionais de democracia, estes têm de ser recriados e reformulados, adaptados às condições e necessidades contemporâneas. A minha ideia de uma sociedade democrática é aquela que considera uma perspetiva holística do desenvolvimento, que inclui todos, e onde as acções são transparentes e os actores são responsáveis uns pelos outros. Isto também torna explícitas as relações de poder e existem mecanismos para garantir que não são apenas os actores fortes que dominam a cena. Além disso, discute-se a direção e os valores que se pretendem para o futuro.

Devemos também considerar, numa perspetiva informativa, que se as dependências do mercado tenderem a aumentar, poderá haver uma maior necessidade de processos de responsabilização entre os intervenientes no mercado para garantir um comportamento honesto e justo. Nesse caso, é fundamental o desenvolvimento de uma infraestrutura que garanta os direitos dos cidadãos e processos justos e transparentes para transacções e trocas de diferentes tipos. A democratização tanto pode significar melhores condições no ambiente digital como permitir uma maior participação dos cidadãos no desenvolvimento das nossas sociedades comuns de diferentes formas. Quer se trate de participar nos processos de tomada de decisões e de planeamento social, quer de viabilizar diferentes projectos que contribuam para a sociedade. Em tudo isto, os meios de colaboração, o intercâmbio de informações, a confiança na Internet e os sistemas de informação serão cruciais. A tecnologia e os meios de processamento de informação disponíveis podem significar uma concentração de poder, mas também um meio de descentralização e de maior participação. O risco de os líderes populistas terem acesso a estes recursos torna a descentralização não só parte da capacitação, mas também uma estratégia de gestão de riscos. Uma parte crucial de uma sociedade democrática e para que a democracia funcione, é que as pessoas tenham acesso fácil a informação imparcial, autêntica e fiável, para poderem tomar decisões informadas. É isso que temos de melhorar - a todos os níveis, do individual ao social. Nunca pensei que fosse radical ou controverso falar de democracia, mas no mundo de hoje nada pode ser dado como garantido.

Perspectivas de género e idade

Quando se fala de inclusão, uma perspetiva é que a infraestrutura funciona para algumas pessoas e tende a estabelecer restrições para outras. O género e a idade são dois dos aspectos que podem ser abordados neste contexto. Como já foi referido, o poder não tem a ver principalmente com a força, mas sim com quem tem acesso fácil a diferentes recursos e quem não tem. A forma como a realidade está estruturada - formas de pensar, de agir e de realizar as actividades quotidianas - convém a algumas pessoas, mas não a outras. Para alguns, é como ser um peixe a tentar andar em terra, ou uma cobra a tentar voar. Para alguns, não é um ajuste perfeito, e nem todos têm acesso a locais de poder e recursos. Somos todos diferentes e aceitar este facto é um primeiro passo para acabar com a pobreza no mundo e com as estruturas rígidas de exclusão. O que é frequentemente salientado é que o desenvolvimento do mundo tende a servir os homens dos países ocidentais. O facto de os homens terem estado e estarem bem representados entre os que têm acesso e controlam os recursos de autoridade, de atribuição e conceptuais nas sociedades significa que foram os homens que, em grande medida, definiram o mundo e a realidade em que vivemos, uma definição que afectou as possibilidades dos diferentes actores. Os diferentes papéis de género estabelecidos nas sociedades tradicionais e modernas, onde diferentes "espaços" foram abertos ou fechados às pessoas em função do género, afectaram as diferentes possibilidades das pessoas. Isto baseia-se, em parte, nas ideias do que significa ser "homem" ou "mulher" e nas caraterísticas e propriedades que são valorizadas no domínio real, bem como na forma como o género tem sido um fator de organização nas sociedades. A individualização está a mudar isto, mas ainda há padrões que se mantêm, por vezes até reforçados. Numa perspetiva global, existem grandes diferenças nas possibilidades abertas a homens e mulheres em diferentes áreas da vida. Uma questão importante é que as mulheres devem ter o controlo da sua própria economia e as raparigas devem poder ter acesso à educação. Trata-se de permitir que as mulheres entrem em espaços que têm sido dominados pelos homens e tenham acesso a diferentes recursos, mas trata-se também de reconhecer as diferentes formas de organizar as coisas. Começando pela forma como os sistemas monetários ou as formas de organização do poder nas organizações e sociedades actuais já incluem um preconceito. Penso que a questão central é incluir mais valores e perspectivas para alcançar um maior equilíbrio naquilo que criamos atualmente. Há, por exemplo, quem defenda que a crise financeira também foi uma crise da construção de um sujeito financeiro masculino, como investidor racional e calculista do risco que tem tudo sob controlo, entretanto caracterizado pelo curto prazo e pela irresponsabilidade (Hall, 2018). A construção do conhecimento, as ideias relacionadas com o género e a formação de diferentes discursos podem ser utilizadas para legitimar e promover determinados comportamentos. Que se tornam parte dos ideais e do que pensamos ser verdade, mas que não o são necessariamente. Apesar de existirem mais diferenças dentro do mesmo género do que entre géneros, isto seria possivelmente mais fácil de mudar se os ambientes fossem mais mistos.

O desenvolvimento tecnológico pode abrir novas possibilidades de ultrapassar as estruturas tradicionais de género, mas também reforçá-las ainda mais. A tecnologia não é neutra e possui e transmite valores. Uma vez que a digitalização afecta a forma como as sociedades estão estruturadas e a perceção da realidade que é dada espaço, é também importante refletir sobre a perspetiva de género. Quem tem influência no desenvolvimento das tecnologias, quem é ouvido e que valores são reconhecidos, quem tem espaço para jogar e quem assume a responsabilidade e limpa a confusão dos efeitos secundários são questões que podem ser colocadas.

Outro aspeto a ter em conta é a idade. O agente da polícia entrevistado afirmou que as pessoas que tinham experiência de fraude eram sobretudo jovens. A taxa de desemprego juvenil na Europa é bastante elevada, o que desqualifica muitas pessoas para diferentes serviços económicos, como por exemplo o crédito à habitação. Com o desenvolvimento digital, o fosso entre os que têm acesso a recursos e os que não têm aumenta. Aqueles que já estão estabelecidos na vida podem mais facilmente seguir a tendência ascendente, uma vez que é uma enorme vantagem ter dinheiro. Com os activos digitais disponíveis que podem alavancar dinheiro, um investimento maior pode ser aumentado exponencialmente em comparação com pequenos investimentos e, além disso, o risco diminui se forem investidas somas maiores de dinheiro. Para aqueles que ainda não adquiriram riqueza em termos de dinheiro ou de posições na vida ativa, torna-se mais difícil. Uma sociedade aberta, com acesso a diferentes recursos, é também mais inclusiva para os jovens. Quando somos crianças, não ganhamos o nosso próprio dinheiro, estamos dependentes da situação dos nossos pais. Também dependemos dos transportes públicos, da educação, do sistema de saúde, etc. Tudo isto é financiado pelos impostos; os impostos são investimentos nas possibilidades e no futuro das crianças. Se as receitas fiscais diminuírem, se as pessoas contornarem o sistema e esconderem os seus fundos, e se os fundos públicos forem utilizados para gerir crises em vez de serem investidos, por exemplo, na educação, as possibilidades de as gerações futuras criarem o seu futuro serão arruinadas. É isso que queremos arriscar?

Ao mesmo tempo, a digitalização dá acesso a novas possibilidades para os jovens, e as dependências tradicionais podem diminuir - para aqueles que têm acesso ao ambiente digital, bem como às competências necessárias e a diferentes redes sociais e profissionais.

Envolvimento dos cidadãos e crescimento interior

Na discussão sobre um crescimento sustentável e inclusivo, de acordo com a discussão anterior sobre os diferentes aspectos do crescimento, este também pode ser aplicado a nível social e ao crescimento interno de uma sociedade e ao reforço dos laços de confiança e da democracia.

No sector das ONG (Organizações Não Governamentais), a maioria das pessoas não é compensada em dinheiro pelo que faz; são criados outros valores e são utilizados outros recursos em grande medida. Em vez disso, trata-se de uma alavancagem de activos como a confiança, o empenho das pessoas e os desejos partilhados, os laços mútuos, a gratidão e a criatividade, para além da prática da agência e da participação dos participantes. Trata-se de criar objectivos comuns e trabalhar para a sua realização. Estas caraterísticas são também fundamentais para a auto-realização. Parte da adoção de uma abordagem holística do crescimento consiste em reconhecer este tipo de valores e desenvolver uma maior sensibilização para as condições de intercâmbio e de envolvimento, em que a reciprocidade será fundamental, uma vez que o risco é a exploração dos recursos humanos. A sociedade civil contribui com aspectos valiosos em termos de crescimento dos recursos humanos, tanto no seio das pessoas como entre elas, bem como no seio das sociedades e entre elas; tem um papel muito importante no reforço dos laços e na criação de compreensão e confiança entre as pessoas. Um inquérito realizado pela agência de voluntariado revela que o trabalho voluntário melhora a saúde dos participantes. Os voluntários expressam que contribuem para os outros e recebem em troca muita alegria e gratidão, apoiam as pessoas a crescerem como pessoas e criam possibilidades de fazerem ouvir a sua voz e de melhorarem a sociedade (www.volontarbyran.org).

Esta pode ser uma das actividades mais críticas do atual contexto de crise de confiança e realidade pós-antiga em que estamos a navegar. A sociedade civil, ou o envolvimento dos cidadãos, seja qual for a sua forma (voluntariado, espaços maker, organizações, redes, grupos de ação, passatempos, etc.), cria espaços para que as pessoas se encontrem e criem coisas em conjunto que sejam valiosas para a sociedade. É um grande contributo para a construção das pessoas e das sociedades a partir do interior e, ao mesmo tempo, contribui para o ambiente e a inclusão social, o que enfatiza o crescimento de valores e qualidades interiores nos indivíduos e nos grupos. Neste domínio, é dada atenção a qualidades como o empenho, a confiança, a criatividade e a contribuição. O desenvolvimento de termos mais claros para o intercâmbio entre as pessoas no que respeita a este tipo de valores poderia promover uma gestão mais sustentável do capital humano. Este seria também um contributo em domínios em que o dinheiro está envolvido e pode aumentar o desempenho em diferentes domínios empresariais. Com as mudanças actuais, os valores podem ser trocados de diferentes formas: como dinheiro ou outra coisa qualquer, e a digitalização permite diferentes possibilidades.

Estão também a evoluir novas formas de intercâmbio e de investimento, bem como investimentos que incluem tanto o retorno económico como investimentos na natureza. A divisão entre actividades comerciais e não lucrativas está a dissolver-se cada vez mais e estão a ser desenvolvidos diferentes modelos. Neste desenvolvimento, a reciprocidade é uma preocupação central, e os entusiastas que estão a assumir grandes responsabilidades também recebem algo em troca. Esta é também a ideia do dinheiro - que se recebe algo por um esforço.

Pergunto-me o que é que as tecnologias digitais tornam possível, com meios para novas formas de inovação social, democrática e financeira? Trata-se tanto de inovação como de estabelecer laços entre as pessoas, em que as organizações sem fins lucrativos desempenham um papel importante nas sociedades, especialmente para os jovens. E também de criar novas formas e modelos de investimento no desenvolvimento social. Há muitas pessoas brilhantes e criativas, tanto no domínio financeiro como na sociedade civil, e são desenvolvidos novos modelos e iniciativas interessantes.

Os investimentos no crescimento interno podem também gerar crescimento externo como efeito e criar riqueza ambiental, social e económica. Uma perceção mais holística do crescimento humano, que inclua recursos internos e externos, servirá de base mais estável para um crescimento económico sustentável. No fim de contas, são as pessoas que criam coisas, empresas e serviços que geram crescimento económico. O dinheiro é o efeito daquilo que as pessoas criam. Um crescimento financeiro sustentável tem de vir de dentro; das pessoas, das relações e das sociedades. São os investimentos nas pessoas que vão gerar riqueza a diferentes níveis. É contribuindo uns para os outros que cresceremos como um todo. O dinheiro é uma ferramenta e um reflexo do que está dentro das pessoas - não é algo para caçar, apanhar e adquirir. É também uma forma de comprometer a reciprocidade. Um nível mais elevado de confiança requer níveis mais baixos de pagamentos monetários e conduzirá a uma maior inclusão. Ao mesmo tempo, a confiança também gera outros valores, como a paz, os laços entre as pessoas e um ambiente amigável, mais seguro para as crianças crescerem. Uma sociedade de elevada confiança dá acesso a mais recursos e liberdade para as crianças. Uma sociedade com baixa confiança também requer mais poder de autoridade e tem tendência para o controlo e a vigilância. Isto também requer mais recursos e fundos para o sector público. Uma sociedade de elevada confiança é mais aberta e oferece mais possibilidades a um maior número de pessoas. A questão é saber que tipo de sociedade queremos criar e investir e como é que a infraestrutura digital permite diferentes formas de viver, fazer negócios e investimentos - de forma fiável.

Significado de dinheiro

O dinheiro é um instrumento relacional, que pode ser utilizado nas trocas, para garantir a reciprocidade e condicionar a troca. Existe um acordo sobre o valor de algo que é trocado. É um compromisso, que faz parte de um acordo entre as partes, por exemplo, que alguém receberá dinheiro por fazer um trabalho. É também uma possibilidade de afetar e poupar recursos para o futuro e de transferir riqueza entre as pessoas.

De certa forma, isto também se aplica aos registos. Estes regulam as relações, os direitos e as obrigações entre diferentes actores. Incluem acordos e condições, servem como activos e são trocados. São recursos que podem ser utilizados para criar coisas diferentes e podem ser utilizados para atribuir diferentes tipos de poder. À medida que as actividades económicas são digitalizadas, o ambiente digital também abre caminho a novas e diferentes formas de realizar trocas e onde a funcionalidade da moeda pode assumir diferentes formas. O dinheiro não tem qualquer valor enquanto tal, vale o que as pessoas acordam que ele vale. Pode-se pegar em qualquer coisa e utilizá-la para trocas, desde que haja um acordo sobre o seu valor e as pessoas confiem nela. Um exemplo são as moedas digitais. Foram criadas moedas digitais e, quando um número suficiente de pessoas aceita essas moedas, elas tornam-se úteis. É o que um grupo de pessoas acordou para fazer trocas, em vez de um determinado objeto. Se as pessoas concordarem em fazer favores umas às outras gratuitamente, isso também funciona. Isso implicaria uma troca de confiança em vez de se confiar num objeto externo, como o dinheiro. O ambiente digital abre mais possibilidades para a criação de redes onde as pessoas podem utilizar diferentes activos para trocas: outros tipos de acordos de investimento que não empréstimos com taxas de juro elevadas, trocas diretas, partilha de serviços e coisas, e mercados em segunda mão que aumentam a reutilização de recursos. Para tal, é necessária uma base de confiança, razão pela qual se coloca a questão de saber como criar um ambiente em linha e sistemas de informação que promovam padrões de confiança, responsabilidade e transparência entre os utilizadores. Os arquivos e as ciências da informação podem contribuir para este objetivo. A digitalização pode ser utilizada de muitas formas que criam possibilidades para modos de vida mais sustentáveis e diferentes; é uma ferramenta de comunicação espantosa que pode ligar as pessoas e quebrar as barreiras tradicionais e o conhecido e habitual. Desta forma, também pode contribuir para quebrar as construções mentais do que se acredita ser possível ou não. Permite diferentes formas de criar vidas, que não dependem apenas de certos tipos de dinheiro e de vias financeiras. É uma forma de nos afastarmos da "luta contra a pobreza" e das "soluções unidireccionais" e, em vez disso, podemos avançar para a auto-confiança e para o que convém às pessoas e para diferentes formas de criar uma vida. Como já foi referido, a pobreza não tem a ver com falta de dinheiro, mas sim com o facto de não se ter acesso ao que é necessário para viver uma vida e ser feliz, o que pode ser feito de diferentes formas. Mas, tal como a digitalização pode oferecer possibilidades de ultrapassar a pobreza, também representa um risco de um maior aumento do fosso digital e de pôr em causa os meios de que dispomos para equilibrar as diferenças de poder. Há o risco de uma maior concentração de capital em poucos e de um aumento do egoísmo e da ganância, se não for ativamente acompanhado de outros valores.

O dinheiro é, no entanto, um instrumento espantoso; permite que as pessoas efectuem trocas e poupem possibilidades de investimento e de troca para o futuro. Tem o poder de afetar recursos e tornar as coisas reais. A questão é saber em que é que queremos investir, que prioridades existem e o que não está incluído.

Que tipo de mundo estamos a criar?

Como discutido neste livro, o desenvolvimento no mundo tem muitas facetas diferentes, todas elas com possibilidades e riscos. Com o desenvolvimento digital, o domínio financeiro cria novos caminhos e até desafia a democracia enquanto tal. Onde alguns actores podem ter o seu capital escondido, e onde o dinheiro e os activos financeiros passaram a desempenhar um papel muito central na vida das pessoas. Alguns actores que têm recursos, competências e conhecimentos disponíveis para tirar partido do sistema têm grandes vantagens e muitas possibilidades. Mas o que acontece com os restantes? E aqueles que não têm acesso a isso? Que tipo de mundo queremos criar e deixar aos nossos filhos? Um que se baseia na sobrevivência do mais forte ou um mundo que também tem uma grande dose de empatia e cuidado? Para que a individualização funcione, tem de haver um enquadramento que proteja determinados valores e tem de haver uma infraestrutura de informação imparcial e fiável.

Ao mesmo tempo, há aqueles que se comprometem com acordos, regulamentos, valores e impostos democráticos, que fazem negócios de uma forma que considera também os pequenos investidores e que tencionam criar possibilidades para as pessoas em vez de se aproveitarem delas. Há aqueles que estão dispostos a partilhar os seus conhecimentos com os outros, a criar novas formas de realizar actividades e intercâmbios, o que torna o domínio financeiro mais acessível a um maior número de pessoas, bem como a abrir novas formas de fazer negócios e de capacitar as pessoas. Por último, mas não menos importante, há aqueles que partilham a sua riqueza sob a forma de caridade e aqueles que, de diferentes formas, contribuem para criar um futuro sustentável através de investimentos inovadores que contribuem tanto financeiramente como para o ambiente e a sociedade. Como já foi referido, existem desafios e possibilidades, e muitas coisas que podem ser melhoradas. Temos de continuar a fazer perguntas para aumentar a consciencialização de todas as partes. Temos também de reconhecer que estamos num período de transformação, o que conduz a desafios e problemas à medida que pessoas sem experiência ou conhecimentos entram no mercado financeiro com riscos muito elevados. Devem ser consideradas as questões relativas às regras comuns, às expectativas e às bases de confiança, bem como as relações e as responsabilidades entre os indivíduos, o sector público e as empresas.

Com todo este dinheiro a circular no mercado financeiro, há uma coisa que não me sai da cabeça: não há mesmo falta de dinheiro no mundo. Isso faz-nos pensar - para que é que ele é utilizado? O que é que todo este dinheiro cria? Em que é que é investido? Que futuro é que ele sustenta? E todo o dinheiro que é investido e ganho em guerras, conflitos, tráfico e outras actividades abusivas? As crises criam movimentos no mercado, o que constitui uma oportunidade para ganhar dinheiro. Como é que isso afecta o futuro do mundo? Tudo o que acontece é um efeito da intenção ou da escolha de alguém, não surge do nada. Há alguém que lucra com isso, algures. Estas perguntas têm significados diferentes a nível individual e social. Mas, na perspetiva de vivermos numa era de grandes riscos globais, em que parece que estamos no limite do mundo, o que é possível? Como pode o mercado contribuir para a direção do nosso mundo comum? Há um enorme potencial e poder no dinheiro para permitir mudanças no mundo, por isso a questão é - o que é que as pessoas escolhem? O que é que poderia ser criado com todo este dinheiro?

Ao mesmo tempo, numa perspetiva diferente, o que dizer das expectativas acrescidas em relação à produção de riqueza? Que pressão é que isso exerce sobre as pessoas? Que normas sociais e novas "necessidades" são criadas em resultado das novas possibilidades de obter grandes quantidades de riqueza? Que novos padrões de exclusão - social, material e em termos de possibilidades de criação da própria vida - são criados? Tudo tem um preço - até a produção de riqueza. Por isso, outra questão é: que novas formas de intercâmbio podem ser desenvolvidas no contexto digital que possam diminuir as dependências e as causas de exclusão e pobreza e criar um mundo mais pluralista e com mais possibilidades?

O que podemos fazer para ultrapassar a polarização entre vencedores e vencidos na economia? Que tipo de mercado global poderia ser criado para apoiar investimentos para um futuro sustentável? Quais são as visões?

Algumas palavras finais

Voltemos às questões colocadas no início deste livro: o que pode ser feito para criar um sistema financeiro mundial sustentável? Como é que o mercado financeiro mundial pode contribuir para um desenvolvimento sustentável? Qual é o papel dos registos neste contexto? Que contributo podem dar os arquivos e as ciências da informação? Que possibilidades tem um indivíduo de obter um rendimento no comércio em linha? As pessoas dizem muitas vezes que faço perguntas demasiado grandes e que são demasiado abrangentes. Penso que temos de nos atrever a fazer grandes perguntas e considerar uma abordagem holística. É claro que pode haver muitas respostas, mas o objetivo não é encontrar a solução exacta, mas sim uma contribuição.

Também não há respostas simples ou "soluções rápidas", mas muitas questões podem ser abordadas. Neste livro, discuti questões que podem ser entendidas no contexto das teorias sociais da globalização, digitalização, informatização e individualização, utilizando o exemplo do comércio em linha, que foi discutido de uma perspetiva dos arquivos e da ciência da informação, principalmente com o apoio de um quadro de cultura da informação. Foram abordadas questões relacionadas com os processos empresariais e o ambiente estrutural das empresas, aspectos culturais como atitudes, comportamentos, valores e relações entre informação, geração de confiança e desafios de acesso à informação relacionados com a globalização e questões de estruturas informacionais - tudo isto relacionado com estruturas de poder e sustentabilidade. Também foram discutidos os meios para mudar o discurso e a criação de um discurso de confiança que promova a sustentabilidade e a responsabilidade. Vivemos num mundo complexo, mas não nos podemos esconder da complexidade, pelo contrário, devemos aumentar a consciencialização tanto quanto possível, a fim de lidar com os riscos e criar um ambiente de responsabilidade e confiança. Há muito mais que gostaria de dizer e aprofundar, mas isto é um começo. Os temas centrais que foram destacados são a necessidade de aumentar a confiança, o conhecimento e a consciencialização, reduzir os padrões de medo e ganância e basear as relações comerciais no benefício mútuo. Penso que tudo isto faz parte da criação de um discurso de confiança - a diferentes níveis, e uma parte essencial desse discurso é a disponibilização de registos fiáveis. Há muitas questões relacionadas com isto que podem ser investigadas mais aprofundadamente, tais como a forma de desenvolver meios para a fiabilidade no ambiente em linha, o papel e os requisitos dos registos relacionados com a regulamentação e os recursos, o desenvolvimento de finanças electrónicas orientadas para o cliente e os papéis e a ética cliente-empresa num contexto de mercado global em que a informação é o principal ativo, os papéis e as responsabilidades numa realidade digital global pós-moderna entre cidadãos, empresas e políticos, a gestão do risco, a governação global da informação e as questões em torno da privacidade, a análise das relações de poder, as questões culturais e baseadas em valores, bem como a herança histórica relacionada com as relações económicas a nível global e muito mais. Como já foi referido, por cada cêntimo investido no desenvolvimento tecnológico, deveria ser investido um montante equivalente em investigação relacionada com a sustentabilidade, os riscos, a ética e a forma de gerir proactivamente estes aspectos de uma forma responsável. Portanto - temos trabalho a fazer. A informação está no centro do desenvolvimento e é uma preocupação central para os arquivos e para a ciência da informação, além de ser crucial para a criação de confiança, razão pela qual este é um momento muito estimulante e desafiante.

Esta é uma época de grandes transformações e temos inúmeras possibilidades de criar coisas boas e de alterar padrões passados de dominação e abuso de poder. Mas também temos de estar conscientes dos novos riscos para as estruturas de exclusão intencionais e não intencionais que se formam e diminuem as oportunidades para alguns, enquanto as aumentam para outros. À medida que os riscos nas sociedades aumentam - ambientais, económicos e sociais - temos de considerar quais os riscos que estamos dispostos a correr e quais os custos que as actividades humanas podem ter, quem deve suportar os custos e quem deve assumir a responsabilidade. Os riscos são efeitos das actividades humanas e têm de ser incluídos nas considerações sobre o rumo que estamos a tomar para este mundo, quais os objectivos a que damos prioridade e quais os investimentos a fazer. Também temos de considerar o espaço que certas actividades podem ter no conjunto maior. Tem de haver espaço para diferentes formas de vida, e não para que certas ideologias dominem o mundo. No tipo de ambiente de risco em que estamos a viver, a confiança é um aspeto crucial que pode criar mais resiliência a diferentes níveis. Devemos também concentrar-nos na análise da forma como somos afectados pelas novas tecnologias, como estas afectam a humanidade e ser proactivos e fazer escolhas sobre a forma como queremos utilizar a digitalização, bem como os seus valores fundamentais. Quanto à questão de saber se é possível obter rendimentos com o comércio em linha, para mim não funcionou. Mas para certas pessoas parece funcionar, pelo menos para aquelas que têm um grande capital para investir. Como em tudo, nunca há "soluções" que sirvam para toda a gente. Algumas coisas funcionam para algumas pessoas e para outras não. É por isso que não devemos deixar que certas actividades e ideologias dominem demasiado. Existem também diferentes formas de criar os futuros desejados. Apesar de, durante este projeto, em alturas em que tive acesso a quantias muito reduzidas de dinheiro, ter criado mais desejos do que nunca. Mas isso é outra história.

Se este livro parece crítico, não foi minha intenção atribuir culpas a alguém, mas sim chamar a atenção para as coisas que podem ser mudadas. Temos os recursos necessários para criar uma vida sustentável neste planeta, mas é preciso agir. Na minha perspetiva, isso inclui uma recriação da democracia, das funções e dos valores democráticos, com capacidade para tomar medidas para mitigar os riscos globais que enfrentamos. É urgente financiar uma transformação para infra-estruturas sustentáveis e investimentos na recuperação de ambientes danificados e na proteção da biodiversidade. Para aqueles que têm capacidade e competências para fazer dinheiro e investimentos, e que têm acesso ao mundo monetário - o mundo precisa de vocês e das vossas capacidades. O dinheiro é uma ferramenta fantástica que pode ser utilizada para fazer coisas e criar mudanças rapidamente. Para os decisores políticos, que quadro regulamentar pode apoiar investimentos sustentáveis e orientados para o cliente? No que diz respeito à criação de conhecimento - que conhecimento sobre digitalização, economia e inovação pode ser criado para apoiar uma vida sustentável? A todos os níveis, a prestação de informações fiáveis é crucial para não favorecer interesses particulares. A criação de confiança a diferentes níveis é fundamental e deve incluir todos os habitantes deste planeta e considerar aqueles que não têm voz ou acesso a recursos humanos, como dinheiro, ou poder político ou concetual. É altura de libertar a criatividade e a agência. Temos tudo o que precisamos - em termos de diferentes recursos - só temos de os utilizar de uma forma mais consciente que apoie um desenvolvimento sustentável e não negligencie os riscos. Trata-se da vontade de colaborar para além das fronteiras anteriores, bem como de pensar de forma nova. Nós podemos fazer isso.

Referências

Alvesson, M. (2003). Metodologia para estudos de proximidade - lutando com a proximidade e o encerramento. *Ensino Superior,* vol. 46, pp. 167-193

Andresen, E., Braunerhielm, L. & Roxenhall, T. (2015). Nara ekonomiska relationer. [Relações económicas estreitas] In: Ohman, P. & Lundberg, H. (Eds.), *Trovardighet och fortroende I ekonomiska relationer*. [Credibilidade e confiança nas relações económicas] Studentlitteratur AB, Lund, pp. 2012-20

Bearman, D. (2006). Momentos de risco: identificação de ameaças aos registos electrónicos. *Archivaria*, Vol 62

Beck, E. (2002). P de Político: A participação não é suficiente.

Revista escandinava de sistemas de informação. Vol. 14, Edição, 1, Artigo 1.

Beck, U., Giddens, A. & Lash, S. (1994). *Reflexive modernization.* Polity Press, Reino Unido

Beck, U. (2000). *O que é a globalização?* Polity Press em associação com Blackwell Publishers Ltd.

Beck, U. (1992). *Sociedade de risco. Towards a new modernity*. Sage Publications

Beck, U. (2002). *O poder na era global. Uma nova economia política global.* Polity Press (2005)

Bjorgvinsson, E., Ehn, P. & Hillgren, P. A. (2012). Design participativo agonístico: trabalhando com movimentos sociais marginalizados. *CoDesign*, 8:2-3, pp. 127-144

Bryman, A. (2002). *Samhallsvetenskapliga metoder.* [*Métodos das ciências sociais]* Liber, Malmo

Castells, M. (2000). *A ascensão da sociedade em rede.* Segunda edição.

Blackwell Publishers Ltd. REINO UNIDO

Coleman, L., Lemieux, V. L., Stone, R. e Yeo, G. (Eds.). (2011). *Managing records in global financial markets: ensuring compliance and mitigating risk.* Londres: Facet Publishing.

Creswell, J. W. (2007). *Investigação qualitativa e conceção da investigação.*

Choosing among five approaches. Sage Publications, Londres, Reino Unido.

Digitaliseringskommissionen, (A Digitalização Sueca

Comissão) (2016). *Det sociala kontraktet i en digital tid. [O contrato social numa era digital]* Temarapport 2016:2, Estocolmo,

Comissões de digitalização

Dikopoulou, A. & Mihiotis, A. (2012), The contribution of records management to good governance, *The TQM journal, Vol. 24* Iss 2, pp. 123 -141

Duranti, L. (1989). Diplomatics: Novos usos para uma velha ciência (Parte I). *Archivaria 28,* pp. 7-27

Duranti, L. (1989-1990). Diplomacia: Novos usos para uma ciência antiga (Parte II). *Archivaria 29*, pp. 4-17

Duranti, L. (1990b). Diplomatics: Novos usos para uma velha ciência (Parte III). *Archivaria 30*, pp. 4-20

Duranti, L. (2009). Da diplomacia digital à forense de registos digitais. *Archivaria,* 68, pp. 39-66

Duranti, L. & Michetti, G. (2017). O método arquivístico. In: Gilliland, A. J., McKemmish, S. & Lau, A. J. (Eds.) *Investigação no multiverso arquivístico*. Monash University Publishing, Austrália

Duranti, L. & Rogers, C. (2011). Educar para a confiança. *Archival science*, vol. 11, pp. 373-390

Duranti, L. & Rogers, C. (2012). Confiança nos registos digitais: Um domínio jurídico cada vez mais nebuloso. *Computer Law & Security Review 28* (2012), pp. 522-531

Duranti, L. "Confiar os factos à teoria arquivística. A verdade documental num ambiente em rede". *O Workshop Internacional de 2017.*

"Manter a infraestrutura dos factos na era da política da pós-verdade" 19-20 de setembro de 2017, Conselho do Património Nacional da Suécia, Estocolmo, Suécia. Discurso de abertura

Ellul, J. (1973). *Propaganda: the formation of men's attitudes*. Vintage Books, Nova Iorque

Elo, S. e Kyngas, H. (2007). O processo de análise de conteúdo qualitativo. *Journal of advanced nursing 62(1)*, pp. 107-115. doi: 10.1111/j.13652648.2007.04569.x

Engvall, T. (2017). Medo, ganância e falta de confiança no comércio financeiro online. *Revista de Ciências Administrativas e Tecnologia.* Vol. 2017 (2017), Artigo ID 106163, 10 páginas. DOI: 10.5171/2017.106163

Comissão Europeia (2010a). *Europa 2020. Uma estratégia para um crescimento inteligente, sustentável e inclusivo*

http://ec.europa. eu/europe2020/index en.htm (Acedido em 22 de agosto de 2016) Comissão Europeia (2010b). *Comunicação da Comissão ao Parlamento Europeu, ao Conselho, ao Comité Económico e Social Europeu e ao Comité das Regiões*.

Bruxelas, 19.5.2010 http://eur-lex.europa.eu/legal-content/en/ALL/?uri=CELEX%3A52010DC0245 (Acedido em 22 de agosto de 2016)

Comissão Europeia (2017). *Quadro europeu de interoperabilidade.*

https://ec.europa.eu/isa2/eif en (Acedido em 31 de agosto de 2017) Europeu

Comissão (2015). O mercado único digital.

https://ec.europa.eu/digital-single-market/ Acedido em (01 de agosto de 2017)

Evans, J. Reed, B., Linger, H., Goss, S., Holmes, D., Drobik, J.,

Woodyat,

B. & Henbest, S. (2014), "Winds of change", *Records management journal*, Vol. 24 Iss 3, pp. 205 - 223

Fairclough, N. (1992). *Discourse and social change*. Polity Press, Reino Unido

FXGM (2016). *Bem-vindo ao ebook FOREX*. FXGM. www.fxgm.com (Acedido a 31 de agosto de 2016)

Giddens, A. (1984). *The constitution of society*. Polity Press, Reino Unido

Giddens, A. (1990). *The consequences of modernity*. Stanford University Press

Giddens, A. (2001) (Ed). *The global third way debate*. Polity Press, em associação com Blackwell Publishers Ltd. Cambridge, Reino Unido

Giddens, A. (2002). *Runaway world. How globalization is reshaping our lives*. Profile Books Ltd, Reino Unido

Giovanni Michetti. Preservação como um serviço de confiança (PaaST). Em G. Guidi, R. Scopigno, J.C. Torres e H. Graf (eds.). *Congresso Internacional do Património Digital. Vol. 2: Análise e Interpretação. Teoria, Metodologias, Preservação e Normas. Projectos e aplicações do património digital.* 28 de setembro - 2 de outubro de 2015, Granada, Espanha. IEEE, 2015, pp. 465-466.

Gregory, J. (2003). Abordagens escandinavas ao design participativo. *Int. J. Engng Ed.* Vol. 19, No. 1, pp. 62-74

Hall, S. (2018). *Global Finance*. SAGE Publications Ltd, Londres

Held, D. (2001). Regulamentar a globalização? A reinvenção da política. In: Giddens, A. (Ed.). *The global third way debate*. Polity Press, em associação com Blackwell Publishers Ltd. Cambridge, Reino Unido. pp. 394-406

Higginbottom, A. (2017). O império informal de Londres, em: Kufakurinani, U., Kvangraven, I. H., Santana, F. & Styve, M. D. (Eds.). *Dialogues on development. Volume I: Sobre a dependência*. Young Scholars Initiative do Institute for New Economic Thinking (INET).

www.ineteconomics.org/education/young-scholars-initiative ISSN: 24726966

Hofman, H. (2005). O arquivo. In: McKemmish, S., Piggott, M., Reed, B. & Upward, F. (Eds.) *Archives: recordkeeping in society*.

Wagga Wagga, Nova Gales do Sul, pp. 131-158

Hurley, C. (2005). Manutenção de registos e responsabilização. In: McKemmish,

S., Piggott, M., Reed, B. & Upward, F. (Eds.). *Archives: recordkeeping in society (Arquivos: manutenção de registos na sociedade*). Wagga Wagga, Nova Gales do Sul, pp. 223-254

Organização Internacional de Normalização (2016), *Informação e documentação - gestão de registos - Parte 1: Conceitos e princípios (ISO 15489:2016, IDT)*, Instituto Sueco de Normalização: Estocolmo

InterPARES. Acedido a 15 de novembro de 2017 em www.interpares.org

InterPARES Trust. Acedido a 15 de agosto de 2016 em www. interparestrust. org

Investopedia (2016). *Negociação online.*

http://www.investopedia.com/terms/o/onlinetrading.asp?ad=dirN&qo=i nve stopediaSiteSearch&qsrc=0&o=40186 (Acedido em 20 de agosto de 2016) Jolls, C., Sunstein, C. R. & Thaler, R. (1998). A behavioral approach to law and economics (Uma abordagem comportamental do direito e da economia). *Stanford law review*, Vol 50:1471

Kelton, K., Fleischmann, K. R. & Wallace, W. A. (2008). Trust in digital information (Confiança na informação digital). *Journal of the American Society for Information Science and Technology, Vol 59,* Issue 3, pp. 363-374

Jimerson, R. C. (2009). *O poder dos arquivos. Memória, responsabilidade e justiça social*. Sociedade de Arquivistas Americanos, EUA

Kufakurinani, U., Kvangraven, I. H., Santana, F. & Styve, M. D. (Eds.). *Dialogues on development. Volume I: Sobre a dependência*. Young Scholars Initiative do Institute for New Economic Thinking (INET).

www.ineteconomics.org/education/young-scholars-initiative ISSN: 24726966

Lakew, N. (2016). *Ser-humano no mundo dos artefactos digitais: repensar holístico das práticas de design.* (Tese de Doutoramento, Ciências da Computação e dos Sistemas), Universidade da Suécia Central, Faculdade de Ciências, Tecnologia e Media, Departamento de Tecnologias da Informação e Media.

Larsson, M. & Wallerstedt, E. (2015). Reglering av bank, fôrsâkring och revision - traditioner och trender. [Regulamentação da banca, seguros e auditoria - tradição e tendências.] In: Ohman, P. & Lundberg, H. (Eds.), *Trovardighet och fortroende I ekonomiska relationer*. [*Credibilidade e confiança nas relações económicas*] Studentlitteratur AB, Lund, pp. 1954

Latham, M. (2001). A terceira via: um esboço. In: Giddens, A. (Ed.). *The global third way debate* (pp. 25-35). Polity Press, em associação com Blackwell Publishers Ltd. Cambridge, Reino Unido.

Lemieux, V. L. e Limonad, L. (2011). What 'good' looks like: understanding records ontologically in the context of the global financial crisis. *Revista de ciência da informação,* 37 (1), pp. 29-39

Lemieux, V., L. (2001). *Competitive viability, accountability and record keeping:*

a theoretical and empirical exploration using a case study of Jamaican commercial bank failures (Tese de doutoramento) University College London, Faculty of Arts

Lemieux, V., L. (2010a). Notas e comunicações "Siga sempre o dinheiro": um apelo à investigação dos registos financeiros. *Archivaria,* primavera de 2010, pp. 173-188

Lemieux, V., L. (2010b). The records-risk nexus: exploring the relationship between records and risk. *Revista de gestão de registos,* Vol 20, pp. 199216

Lemieux, V., L. (2011). Gestão de registos e da informação para a análise financeira e a gestão do risco: uma introdução. *O workshop sobre registos e gestão da informação para a análise e gestão do risco financeiro,* Vancouver, Canadá, 24-25 de agosto de 2011.

Lindblad-Gidlund, K. (2005). *Tecno terapia: uma relação com a tecnologia.* (Tese de Doutoramento), Universidade de Umeâ, 2005

InterPARES (2001). MacNeil, H., Wei, C., Duranti, L, Gilliland-Swetland, A., Guercio, M., Hackett, Y., Hamidzadeh, B., Iacovino, L., Lee, B., McKemmish, S., Roeder, J., Ross, S., Wan, W-k & Xiu, Z. Z. Relatório final da Task Force Autenticidade. *Projeto InterPARES (Investigação Internacional sobre Registos Autênticos Permanentes em Sistemas Electrónicos)*

McKemmish, S. (2005). Vestígios: Documento, registo, arquivo, arquivos. In: McKemmish, S., Piggott, M., Reed, B. & Upward, F. (Eds.) *Archives: recordkeeping in society*. Wagga Wagga, Nova Gales do Sul, pp. 197-222

Millar, L. A. (2017). *Archives. principles and practices,* segunda edição. Facet Publishing, Londres

Monu, K., Lemieux, V., Limonad, L. & Woo, C. (2012). Utilizando modelos conceptuais para teorizar sobre a relação entre registos e risco na Crise Financeira Global. In: Lemieux, V. (Ed.) *Financial analysis and risk management*. Springer, pp. 73-98

Moss, M. S. (2011). É uma questão de confiança ou porque é que temos medo de ir a Nínive? *Ciência arquivística* Vol. 11, pp. 409-425

Mullainathan, S. & Thaler, R. H. (2000). Behavioral economics. *NBER working paper no. 7948. Entrada na International encyclopedia of the social and behavioral sciences.*

Nye, J. S. Jr. (2001). In government we don't trust, In: Giddens, A. (Ed.) *The global third way debate*, (pp. 247-258). Polity Press, em associação com Blackwell Publishers Ltd. Cambridge, Reino Unido

Oliver, G., Evans, J., Reed, B. & Upward, F. (2009). Atingir o equilíbrio certo: informática de manutenção de registos, parte 1. *Informaa quarterly,* vol 25, issue 4, pp. 18-21

Oliver, G., & Foscarini, F. (2014). *Gestão de registos e cultura da informação:*

enfrentando o problema das pessoas. Facet Publishing.

Price, D. M. & Smith, J.J (2011). O continuum da confiança na era da informação: uma perspetiva canadiana. *Archival science Vol. 11*, pp. 253-276

Pwc (2016). Inquérito Global sobre Criminalidade Económica 2016. Ajustar a lente da criminalidade económica. A preparação traz a oportunidade de volta ao foco. *Pwc,* Estocolmo, Suécia

Reed, B. (2005). Registos. In: McKemmish, S., Piggott, M., Reed, B. & Upward, F. (Eds.). *Archives: recordkeeping in society (Arquivos: manutenção de registos na sociedade*). Wagga Wagga, Nova Gales do Sul, pp. 101-130

Regeringskansliet (Gabinete do Governo Sueco). (2012). *Med medborgaren i centrum. Regeringens strategi for en digital samverkande Statsforvaltning*. [*Com o cidadão no centro. Estratégia governamental para uma administração pública coordenada digitalmente*]. Estocolmo: Naringsdepartementet

Roca, J. C., Garcia, J. J. e de la Vega, J. J. (2008). A importância da perceção de confiança, segurança e privacidade nos sistemas de comércio eletrónico.

Gestão da informação e segurança informática Vol. 17 No. 2, pp. 96113

Sanders, E. B. N. & Stappers, P. J. (2008). Co-criação e as novas paisagens do design. *CoDesign*, 4:1, pp. 5-18

SOU 2009:86. *Strategi for myndigheternas arbete med e-forvaltning. Betankande av E-delegationen. [Estratégia para o trabalho das autoridades no domínio da administração pública em linha. Relatório da E-delegação*]. Estocolmo: Fritzes Offentliga Publikationer

SOU 2013:22. *Să enkelt som mojligt for să mănga som mojligt - samordning och digital samverkan. Betankande av E-delegationen.* [*Tão simples quanto possível para tantos quanto possível - coordenação e colaboração digital. Relatório da E-delegação*]. Estocolmo: Fritzes Offentliga Publikationer

Sundqvist, A. (2011). Práticas de documentação e manutenção de registos: uma questão de confiança ou desconfiança? *Ciência arquivística*, Vol. 11, pp. 277-291

Sundsvalls kommun (Município de Sundsvall) (2016). RIKARE. En hâllbar tillvâxtstrategi till âr 2021. [RICHER. Uma estratégia de crescimento sustentável até ao ano 2021]. http ://sundsvall. se/ (Acedido em 10 de setembro de 2017)

Upward, F. (2005). O continuum dos registos. In: McKemmish, S., Piggott, M., Reed, B. & Upward, F. (Eds.). *Archives: recordkeeping in society* Wagga Wagga, New South Wales, pp. 197-222

Volontarbyrân (2017). www.volontarbyran.org

Wikipedia (2017). https://en.wikipedia.org/wiki/Plutocracy acedido em 2017-11-13

Williamson, K. (2013a). Investigação etnográfica. Em Williamson, K. & Johanson, G. (Eds). *Métodos de investigação. Informação, sistemas e contextos.*

Tilde Publishing and Distribution, Prahran, Austrália

Williamson, K. (2013b). Conceitos de investigação. Em Williamson, K. & Johanson, G. (Eds). *Métodos de investigação. Informação, sistemas e contextos.* Tilde Publishing and Distribution, Prahran, Austrália

Willis, A. M. (2014). Designing back from the future. *Documentos de filosofia do design*, 12:2, 151-160

Willis, A. M. (2004). Design centrado no utilizador. *Documentos de filosofia do design*, 2:1, 1-5

Ohman, P. (2015). Reflektioner, slutsatser och utblickar. In: (Eds.)

Ohman, P. & Lundberg, H. *Trovardighet och fortroende i ekonomiska relationer.*

[Credibilidade e confiança nas relações económicas] Studentlitteratur AB, Lund

Printed by Books on Demand GmbH, Norderstedt / Germany